Iran: La grande marche vers la liberté

Discours et messages de Maryam Radjavi à la série d'évènements organisés par la Résistance iranienne à Achraf-3 en Albanie

Juillet 2019

Iran: La grande marche vers la liberté

ISBN:
978-2-491615-02-4
Publié en mai 2020 par
Le Conseil national de la Résistance iranienne
15, rue des Gords - 95430 Auvers sur Oise - France

Table des matières

Introduction

Le 11 juillet 2019 a vu le coup d'envoi à la cité d'Achraf-3, en Albanie, d'activités de la Résistance iranienne qui se sont déroulées sur cinq jours autour de la cause de la liberté et du changement démocratique en Iran.

Achraf-3, siège de la Résistance iranienne, est une cité exceptionnelle. Vingt mois avant le grand rendez-vous, elle n'était qu'un terrain nu. La cité a été construite par les Moudjahidine du Peuple au prix de maints d'efforts.

Au cours des cinq jours qu'a duré l'évènement, les militants du principal mouvement d'opposition iranienne ont accueilli à Achraf-3 des personnalités et dignitaires internationaux, ainsi que des compatriotes venus d'Europe, d'Amérique du Nord, d'Afrique du Nord, du Moyen-Orient et d'Australie.

L'évènement a démarré avec une conférence intitulée « *La crise iranienne et une alternative viable* », avec la participation de parlementaires, de personnalités politiques éminentes et des experts venus de divers pays pour discuter de la politique avisée à conduire face à la dictature intégriste en Iran et des questions politiques et stratégiques les plus urgentes du moment.

Le 12 juillet, les participants ont visité la grande exposition intitulée «*120 ans de lutte du peuple iranien pour la liberté*». La visite au musée d'Achraf-3 s'est terminée par une conférence avec l'intervention de la présidente élue de la Résistance iranienne et des personnalités. D'anciens prisonniers politiques qui ont également partagé leurs témoignages.

Le 13 juillet, le rassemblement « *Pour un Iran libre* », le principal évènement de la semaine, a vu les interventions de Maryam Radjavi et de dizaines de personnalités et responsables

Achraf-3, siège de la Résistance iranienne, est une cité exceptionnelle

des cinq continents. L'évènement s'est conclu par un concert de musique en plein air.

Le lendemain, une conférence internationale s'est tenue sur le rôle des femmes dans la Résistance iranienne. Maryam Radjavi et plusieurs éminentes militantes ont pris la parole sur le combat des femmes pour l'égalité.

Le même jour, une conférence arabo-islamique s'est tenue en solidarité avec le peuple iranien et le combat de la seule alternative indépendante et démocratique pour l'Iran. De nombreuses délégations de pays arabo-musulmans ont participé à cette conférence intitulée « *Le renversement du régime des mollahs, un impératif pour mettre fin à la guerre et au terrorisme dans la région* ». Des personnalités d'Algérie, du Maroc, de Tunisie, du Bahreïn, de Jordanie, du Yémen, du Liban, d'Égypte et une délégation de l'opposition syrienne ont pris la parole.

Enfin, le dimanche 14 juillet, un autre évènement a réuni les parlementaires et personnalités d'Europe autour de la lutte contre le terrorisme et le bellicisme de Téhéran qui s'intensifient dans la phase terminale du régime iranien, et ont souligné la nécessité de soutenir le peuple iranien et sa résistance organisée.

La conférence était animée par le Dr Matthew Offord, député britannique et président du Groupe parlementaire pour un Iran libre et démocratique. Il a souligné que les médias évoquaient Achraf-3 comme « un phare d'espoir ».

Le cinquième jour de rassemblement, le 15 juillet, a été marqué par une autre conférence intitulée « *Appel à la justice pour le massacre de 1988 ; les commanditaires et les auteurs doivent être traduits devant la justice internationale*» où Mme Radjavi s'est adressée au public.

Des personnalités politiques, juristes et défenseurs des droits humains étaient également présents et sont intervenus sur les crimes des mollahs contre le peuple iranien et sa Résistance, en particulier le massacre de 30.000 prisonniers politiques de 1988.

Les intervenants ont appelé à des enquêtes internationales sur le massacre de 1988 et à la poursuite, par les tribunaux internationaux, des commanditaires et des auteurs de ce crime. D'anciens prisonniers politiques, dont des témoins de ce massacre en 1988, ont apporté leur témoignage.

Maryam Radjavi : Nous reprendrons l'Iran

Ce livre réunit les discours de Maryam Radjavi lors des sessions et conférences aux rassemblements annuels de 2019 de la Résistance iranienne.

En plus des activités à Achraf-3, des Iraniens épris de liberté ont organisé des manifestations importantes dans cinq capitales du monde. Mme Radjavi a envoyé des messages vidéo aux participants. Des extraits de ces messages sont également inclus dans ce recueil.

Maryam Rajavi: nous reprendrons l'Iran

Discours au grand rassemblement international d'Achraf-3

13 juillet 2019

01

La grande marche vers la liberté

Chers compatriotes,

Chers invités et personnalités honorables,

Achraf 3 vous souhaite à toutes et à tous la bienvenue.

Il y a 20 mois, il n'y avait ici que des arpents de terre totalement vides. Mais à la force des bras des Moudjahidine du peuple et au prix d'innombrables efforts, Achraf-3 est sortie de terre pour s'épanouir.

Cependant notre cap est Téhéran. Téhéran libéré de l'occupation des mollahs.

Même si les mollahs ont ravagé notre pays, nous reprendrons l'Iran et nous reconstruirons le plus beau des pays.

Nous avons commencé ce voyage le 30 juin 1981, quand Massoud Radjavi a forgé une résistance tenace et profondément enracinée contre la tyrannie religieuse. Il a fondé le Conseil national de la Résistance iranienne (CNRI) et l'Armée de libération nationale iranienne (ALNI).

A présent Achraf-3 prolonge ce voyage qui du début à la fin n'a été que commencement, reconstruction et renaissance.

Durant ce voyage, nous avons traversé dix années de persévérance sanglante à Achraf sous un blocus et quatre années de résistance dans l'abattoir qu'était le camp Liberty.

Nous sommes désormais dans un nouveau chapitre de la

grande marche vers un Iran libre, vers une destination glorieuse mais dont la route est semée de souffrances et où coule, comme un torrent, le sang de nos martyrs.

Lors du premier anniversaire de la révolution, Massoud Radjavi avait déclaré : « quand notre résistance sera victorieuse, elle supprimera un des plus grands obstacles aux révolutions contemporaines, voire même le principal facteur de leur déviation et de leur destruction que sont les violations du sanctuaire sacré des libertés sous les prétextes les plus divers. Ressusciter la notion de la liberté, c'est raviver l'humanité et les révolutions qui ont échoué.

A présent Achraf-3 prolonge ce voyage qui du début à la fin n'a été que commencement, reconstruction et renaissance.
Durant ce voyage, nous avons traversé dix années de persévérance sanglante à Achraf sous un blocus et quatre années de résistance dans l'abattoir qu'était le camp Liberty.
Nous sommes désormais dans un nouveau chapitre de la grande marche vers un Iran libre, vers une destination glorieuse mais dont la route est semée de souffrances et où coule, comme un torrent, le sang de nos martyrs.

Pour qu'un peuple comprenne la valeur de sa propre liberté, c'est à lui, en dernier lieu, qu'il revient de se libérer.

Chacun est le seul à pouvoir se libérer des chaines de la contrainte et de l'oppression. C'est exactement pour cette raison que nous sommes responsables de faire avancer le front du soulèvement général pour la liberté de notre peuple et de notre patrie. »

Chers amis,

Quarante années de régime des mollahs sont synonymes pour le peuple iranien d'un massacre tous azimuts.

Depuis les centaines d'exécutions par nuit au centre de torture d'Evine en passant par le massacre des prisonniers politiques dans la première décennie de ce régime, jusqu'au massacre de la production et de l'économie, de l'environnement et de la culture, de l'art et de la civilisation de l'Iran.

Le fascisme religieux est désormais arrivé au bout du chemin et se débat dans la crise de son renversement.

Une économie en ruine, la fermeture de plus de 70% de la capacité industrielle, le système bancaire en faillite, la fuite mensuelle de près de 3 milliards de dollars de capitaux et la chute continue de la monnaie, il ne peut rien maitriser.

Le régime des mollahs n'a pas d'issue de secours, ni devant ni derrière. Il n'a pas la capacité de négocier ni celle d'abandonner le terrorisme et ses ingérences dans la région et il n'a plus la vaste marge de manœuvre que lui offrait la politique de complaisance.

Khamenei affirme que les négociations avec les Etats-Unis sont du poison et qu'en particulier, les négociations avec le gouvernement actuel sont un double poison.

Mais pourquoi donc ? Parce que selon ses propres termes, changer de comportement revient justement à changer de régime et que « chaque pas en arrière entrainera une succession sans fin de calices de poison à avaler ».

Aujourd'hui la question est de savoir où se dirige la dictature religieuse

Sur le plan intérieur, c'est le repli sur soi, ainsi que la répression, la diabolisation et le terrorisme contre la Résistance en tant que principal danger et ennemi, ; une résistance qui veut un changement de régime et remplacer la souveraineté du guide suprême par la souveraineté populaire et le suffrage universel. Une résistance qui lutte depuis 40 ans contre ce régime, qu'on ne peut faire disparaitre en la massacrant, car au contraire, cela la fait se développer, pour reprendre les termes du dauphin déchu de Khomeiny.

Et sur le plan international, les mollahs ont compté sur l'inaction et le laisser-faire de l'Occident pour lancer leurs opérations terroristes et leur belligérance dans les pays de la région. Ils croient qu'au moins jusqu'aux élections américaines cela ne va rien leur couter.

Ils se disent qu'ils doivent attendre encore 16 mois, que les Etats-Unis auront peut-être alors un nouveau président avec lequel ils pourront à nouveau obtenir toutes les concessions de l'accord nucléaire.

Ici, je souhaiterai rappeler que la Résistance iranienne, avant et après l'accord nucléaire et durant les négociations, le 24 novembre 2013, n'a cessé de lancer des avertissements comme quoi il ne fallait pas contourner les six résolutions du Conseil de sécurité.

Nous avons appelé en particulier à l'arrêt de l'enrichissement, à l'acceptation du protocole additionnel et à l'accès libre des inspecteurs aux centres des pasdaran et aux installations suspectes du régime.

ایران

(De g. à d.) Bernard Kouchner, Ingrid Betancourt, John Baird, Lance Gooden, Tom Ridge, Fatmir Mediu et Louis Freeh

Avant la signature de l'accord nucléaire, en avril 2015, j'ai annoncé dans une réunion au Sénat français que « l'expérience de la Résistance a montré que les mollahs comprennent uniquement le langage de la force et de la fermeté. »

Et j'ai souligné que « le temps est venu pour que les grandes puissances cessent la complaisance et les concessions à la tyrannie religieuse, banquier central du terrorisme qui détient le record du monde des exécutions. Elles doivent reconnaitre le droit du peuple iranien de résister pour la liberté. »

Et sur le plan international, les mollahs ont compté sur l'inaction et le laisser-faire de l'Occident pour lancer leurs opérations terroristes et leur belligérance dans les pays de la région. Ils croient qu'au moins jusqu'aux élections américaines cela ne va rien leur couter.

Ils se disent qu'ils doivent attendre encore 16 mois, que les Etats-Unis auront peut-être alors un nouveau président avec lequel ils pourront à nouveau obtenir toutes les concessions de l'accord nucléaire.

Le jour de l'accord, le 14 juillet 2015, nous avons déclaré: « un accord qui ignore les droits humains des Iraniens et qui n'insiste pas dessus, ne fera qu'encourager ce régime à réprimer et exécuter sans répit, et à piétiner les droits du peuple iranien, la Déclaration universelle des droits de l'homme et la Charte des Nations Unies (...) car le peuple d'Iran est la principale victime de ce programme atomique funeste. »

Un regard sur les événements

A présent regardons ce qui s'est passé ces deux derniers mois. Le 29 mai, dans une référence implicite aux opérations terroristes de Fujaïrah en Arabe saoudite et en Irak, Khamenei a déclaré : « si on utilise comme il le faut les leviers et les instruments de pression, les Américains réduiront ou cesseront leurs pressions. Mais si on se laisse duper par « l'invitation aux négociations » avec les Américains et qu'on n'utilise pas les leviers de pression, ce sera un échec assuré. »

Il a menacé d'augmenter les réserves d'uranium ainsi que le niveau d'enrichissement au-dessus du seuil autorisé et a affirmé que « nous ne nous arrêterons pas à ce niveau et à l'étape suivante. Si nécessaire, nous utiliserons d'autres leviers de pression ».

L'attaque contre le pétrolier japonais, qui plus est, lors de la visite à Téhéran du Premier ministre japonais venu en médiateur et l'attaque contre un drone américain, sont quelques-uns des leviers dont parle Khamenei. Rohani lui aussi, en bon courtisan, n'a pas manqué de dire qu'il embrassait les mains des pasdaran qui avaient mené ces attaques.

Ces jours-ci, le régime a annoncé avoir augmenté le degré d'enrichissement d'uranium à 4,5% et menacé de passer à l'étape suivante.

La semaine dernière, Rohani a manié le chantage. En raillant les pays européens, il a déclaré : « nous reviendrons aux conditions préalables en ce qui concerne le réacteur d'Arak, c'est-à-dire aux conditions (…) que vous estimiez être dangereuses et capables de produire du plutonium. »

Au fait, avec toutes ces menaces, où sont donc passées ces déclarations ridicules prétendant que le fascisme religieux tenait les armes atomiques pour interdites et que Khamenei avait lancé une fatwa à ce sujet ? Est-ce que ces déclarations ne visaient pas à se moquer des médias et des opinons publiques ? Et ce jeu du chat et de la souris continue…

Division et instabilité

Il est clair qu'avec toutes ces tensions, le régime veut repousser la communauté internationale. Il veut dissimuler la crise de son renversement derrière un écran de fumée. Il veut à nouveau remplacer la fermeté par la politique de complaisance. Il veut maitriser la peur des miliciens du Bassidj et des pasdarans et conserver son équilibre interne.

Le fascisme religieux est désormais arrivé au bout du chemin et se débat dans la crise de son renversement.
Une économie en ruine, la fermeture de plus de 70% de la capacité industrielle, le système bancaire en faillite, la fuite mensuelle de près de 3 milliards de dollars de capitaux et la chute continue de la monnaie, il ne peut rien maitriser.

Un ancien conseiller de Rohani a déclaré que dans le problème de la politique étrangère, deux lignes s'affrontent désormais au sein du régime : opter pour la confrontation ou faire le dos rond. Fin mai, Khamenei, dans l'intention de rendre son régime monolithique, avait donné l'ordre de « préparer le terrain à l'avènement d'un gouvernement jeune et hezbollahi ».

Mais le fait est que la division et l'instabilité sont des signes de la phase terminale et que le régime des mollahs ne pourra échapper au sort qui l'attend.

Le baptême du banquier central du terrorisme

Dans le cadre de la politique de complaisance avec le fascisme religieux ces trente dernières années, ceux qui étaient du côté du régime, ont fermé les yeux sur ses crimes en Iran et à l'étranger. Ils ont porté le banquier central et le plus grand soutien du terrorisme international sur les fonts baptismaux.

Au lieu de viser le régime, ils ont visé son antithèse – à savoir la Résistance – avec une foule de dossiers judiciaires montés de toutes pièces. Au lieu de mettre Khamenei et les gardiens de la révolution sur la liste noire, ils y ont mis l'OMPI et l'Armée de libération nationale iranienne.

Naturellement, nous sommes sortis la tête haute de vingt et quelques procès et pas un seul document n'a été trouvé contre l'OMPI. Une ancienne légende de l'histoire de l'Iran raconte comment le héros Siavoch a traversé sain et sauf l'épreuve du feu dans laquelle les calomniateurs l'avaient poussé.

La dictature religieuse, source de guerre

A présent, les voiles s'écartent les uns après les autres. Tout le monde peut voir clairement que la dictature religieuse est une source de guerre. Comme l'a dit la Résistance iranienne dès le début, lutter contre ce régime, c'est assécher la source de la guerre et du chaos et c'est synonyme de réclamer la paix.

Il était un temps où les partisans du régime disaient que si les mollahs étaient renversés, l'Iran plongerait dans la guerre, le chaos et le morcellement. Aujourd'hui tout le monde peut voir que tant que ce régime ne sera pas renversé, les guerres et les crises se poursuivront dans la région et s'intensifieront.

Par conséquent, tous ceux qui veulent la liberté pour l'Iran, tous ceux qui veulent sauver l'Iran de la destruction et du chaos, et tous ceux qui veulent la paix et la stabilité pour la région et pour le monde, doivent se lever pour le renversement du régime des mollahs.

Il est clair qu'avec toutes ces tensions, le régime veut repousser la communauté internationale. Il veut dissimuler la crise de son renversement derrière un écran de fumée. Il veut à nouveau remplacer la fermeté par la politique de complaisance. Il veut maitriser la peur des miliciens du Bassidj et des pasdaran et conserver son équilibre interne. ”

L'énorme supercherie des partisans de la complaisance

Les partisans de la complaisance veulent faire passer la fermeté vis-à-vis du régime iranien pour de la belligérance, mais c'est une énorme supercherie. Tout délai donné aux mollahs ne fera que les pousser à se déchainer davantage. Il faut leur barrer la route. L'Albanie en est un bon exemple. En décembre dernier, le gouvernement albanais après les complots terroristes du régime iranien et de son ambassade dans ce pays, a expulsé l'ambassadeur et le chef de son antenne d'espionnage et de terrorisme. En réaction, le président des Etats-Unis a rendu hommage au gouvernement albanais pour s'être opposé au régime iranien et à ses activités déstabilisatrices visant à faire taire ses opposants. Il a voulu montrer au régime en Iran que ses activités terroristes en Europe et dans le monde avaient de graves conséquences pour lui.

L'essentiel se trouve au cœur de ce point majeur : contrairement au passé, le régime des mollahs peut voir désormais que chacune de ses actions a de graves conséquences. Oui, un régime dont les crimes et la belligérance sont dénoncés chaque jour davantage, doit s'attendre à des conséquences bien plus importantes.

Maryam Radjavi avec une délégation de parlementaires américains

> « Que cette fois aussi, le peuple iranien avec les unités de résistance et la grande armée de la liberté, reprennent Téhéran et l'ensemble de l'Iran et les libèrent de l'occupation des mollahs. »

La mission historique de la Résistance : briser le tabou de la dictature religieuse

La Résistance iranienne, forte d'une compréhension profonde de la nature de la dictature religieuse et de son incapacité à se réformer, insiste depuis quarante ans sur la nécessité de son renversement et sur un changement de régime. Elle a mis en avant les dangers de ce régime pour la paix et la tranquillité dans le monde et a demandé des sanctions généralisées contre le fascisme religieux.

Au fait, si la nature réactionnaire de Khomeiny et des mollahs n'avait pas été dénoncée,

- si les Moudjahidine du peuple n'avaient pas souffert et versé leur sang dans la lutte contre les pasdarans et les sbires des mollahs,
- si Khomeiny n'avait pas été contraint de boire le calice de poison du cessez-le-feu dans la guerre Iran-Irak,
- si les Moudjahidine du peuple n'avaient pas résisté pour maintenir leurs positions, au prix d'un massacre,
- s'il n'y avait pas eu la persévérance à Achraf et Liberty,
- si le régime des mollahs n'avait pas été condamné 65 fois par l'ONU pour ses violations des droits humains,
- si la Résistance n'avait pas publié des livres et des documents explicatifs dans ces domaines,
- si le terrorisme des pasdarans n'avait pas été dénoncé, avec en particulier les noms de 32.000 salariés de la force Qods en Irak,
- si les projets et les installations nucléaires secrètes du régime à Natanz et Arak n'avaient pas été révélés,
- et si la Résistance iranienne avec une centaine de révélations exactes et documentées en un quart de siècle n'avait pas réveillé et alerté le monde sur la fabrication secrète de la bombe atomique par les mollahs, la situation aujourd'hui serait totalement différente.

Les mollahs, armés de la bombe atomique, domineraient l'empire et le califat auxquels ils aspirent et l'auraient stabilisé.

Oui, c'est le peuple iranien et sa résistance qui ont payé le prix de tout ceci. Sinon, jamais il n'y aurait eu de raisons de vouloir les inscrire sur la liste noire. Oui, la Résistance iranienne, sous la direction de Massoud, a rempli sa mission historique en brisant le tabou de la dictature religieuse et de ses gardiens du chaos et du crime et n'a pas permis au califat maléfique des mollahs d'avoir un avenir.

La solution définitive : le renversement du régime des mollahs

La solution définitive, ultime et certaine, reste le renversement de la totalité du régime des mollahs par le peuple iranien et sa Résistance, j'insiste, le renversement par le peuple iranien et sa résistance.

Ceux qui ont des intérêts dans la poursuite de ce régime, faisaient des promesses chimériques de réforme et de modération, et aujourd'hui encore plus qu'avant, font retentir les tambours de la diabolisation et des fake news contre l'OMPI et la Résistance et veulent jouer les sauveurs de ce régime. L'an dernier, uniquement sur Twitter, 11.500 comptes fabriqués de toutes pièces et mensongers du régime ont été fermés.

Ils veulent dire que ce régime n'a pas d'alternative et qu'il faut s'y résoudre. Mais peut-on arrêter l'avancée de l'histoire ou la faire revenir en arrière ? Bien sûr que non.

Le régime et ceux de son camp, opposés au peuple iranien, disent que la Résistance n'a pas de base en Iran. Nous, nous disons et nous répétons que si le régime dit vrai, qu'il nous laisse durant un jour, un seul jour, organiser des rassemblements et des manifestations pacifiques dans tout l'Iran. Bien sûr, il ne l'a pas fait et ne le fera pas. Pourquoi ? Parce qu'il sait bien qu'il sera rapidement balayé.

Résister, le seul critère sous la répression

Tout le monde sait que dans une période de répression et d'oppression, tant qu'il n'existe pas de possibilité de rassemblement et de manifestation, de sondage et d'élections libres, résister est le seul véritable critère et rien d'autre n'a de valeur. C'est avec le critère de résistance que l'on peut mesurer l'ampleur de l'assise de ce mouvement, avec la détermination des Moudjahidine de la liberté, avec les activités des unités de résistance et avec les efforts et les manifestations des Iraniens et des partisans de la Résistance qui retentissent aux cris de « Nous reprendrons l'Iran ».

Les unités de Résistance

La création des « unités de résistance » et des « conseils de résistance » a brisé une grande impasse qui a révélé son bienfondé dans le soulèvement de décembre 2017/janvier 2018 et les événements qui ont suivi.

Malgré l'étau de la répression, cette résistance a pu organiser et développer son réseau à l'intérieur de l'Iran. C'est de cette manière qu'Achraf s'est reproduite au sein de la société iranienne.

Du point de vue stratégique, les unités de résistance sont une réponse à un régime qui ne peut se réformer ni s'effondrer de lui-même. Il faut et il est possible de le renverser, avec les Moudjahidine du peuple, les unités de résistance et le peuple iranien.

(De g. à d.) Michèle de Vaucouleurs, Jean-François Legaret, Alejo Vidal-Quadras, Sid-Ahmed Ghozali, Saleh Ghallab et Ramzi Faraj.

(De g. à d.) Stephen Harper et Michèle Alliot-Marie

Pour combattre les unités de résistance, le régime a mis en place de nouvelles patrouilles dites « patrouilles d'axe de quartier » et aussi « razavioun ». Il a même été jusqu'à changer la mission de nombreuses patrouilles de « promotion de la vertu et prohibition du vice » pour arrêter les membres des unités de résistance.

Au printemps de cette année, le mollah Alavi, ministre du Renseignement, a parlé de l'arrestation de 116 équipes de l'OMPI. Ensuite, le directeur général du Renseignement de la province d'Azerbaïdjan de l'Est a parlé de l'arrestation et de l'interpellation de 110 personnes en relation avec l'OMPI dans cette seule province. Puis il a prononcé la peine capitale et de lourdes peines de prison à leur encontre.

Mais l'ennemi est incapable de briser le moral des résistants en prison, tout comme il est incapable de maitriser le mouvement de résistance et les unités de résistance dans les villes.

Oui, chaque jeune qui aspire à la liberté et la justice est un insurgé en puissance.

Comme l'a écrit un membre d'une unité de résistance à Tabriz : « Nous tiendrons jusqu'au bout et traverserons toutes les épreuves. La victoire nous appartient et l'aube se lève. »

Il y a 110 ans après l'héroïsme et le sacrifice de Sattar Khan (héro de la Révolution constitutionnelle de 1906) et de ses Moudjahidine à Tabriz, la plus grande ville insurgée de l'époque, les Moudjahidine de Racht au nord et d'Ispahan au centre, ont marché sur Téhéran et l'ont conquise. Que cette fois aussi, le peuple iranien avec les unités de résistance et la grande armée de la liberté, reprennent Téhéran et l'ensemble de l'Iran et les libèrent de l'occupation des mollahs.

La terre du lion et du soleil accueillera la liberté

Aujourd'hui, deux fronts opposés se sont formés à propos de l'Iran. L'un avec le régime qui est dans une impasse et l'autre avec le peuple et sa résistance qui luttent pour la liberté.

Oui, il existe une alternative qui veut conduire à la liberté les unités de Résistance, les villes insurgées et l'armée de la liberté.

Cette alternative est capable d'instaurer une république démocratique et pluraliste fondée sur la séparation de la religion et de l'Etat, sur l'égalité des femmes et des hommes, sur l'autonomie des minorités nationales et un Iran non nucléaire. Le Conseil national de la Résistance iranienne a voté des plans et des programmes précis. Grâce à sa structure organisée et cohérente, il est en mesure de remplacer ce régime et d'opérer le transfert pacifique du pouvoir aux représentants élus du peuple.

Oui, le jour n'est pas loin où la terre du lion et du soleil accueillera la liberté. Nous allons mettre en œuvre un nouveau plan, un plan libéré de la tyrannie, de la duplicité et de la discrimination et un plan pour un Iran libre et prospère.

Alors unissons l'ensemble de nos voix dans le chant de la victoire : nous reprendrons l'Iran et nous reconstruirons un nouvel Iran. Oui, nous reprendrons l'Iran.

Maryam Radjavi : le peuple et l'histoire d'Iran avancent vers une victoire inéluctable

Discours à l'exposition "120 années de lutte du peuple iranien pour la liberté"

Achraf-3 – 12 juillet 2019

02

Mesdames et Messieurs,

Chers amis,

Je suis très heureuse de pouvoir vous accueillir à Achraf-3. Je vous rends une fois de plus hommage pour les efforts que vous avez déployés en soutien aux Achrafiens et à la Résistance iranienne.

Des efforts qui ont abouti au transfert en toute sécurité de l'ensemble des Moudjahidine du peuple. C'est une grande victoire à laquelle vous avez tous pris part.

Les mollahs et les pasdaran voulaient massacrer les éclaireurs et les combattants de la liberté. Mais dans cette campagne nous les avons vaincus. Ce fut une action d'éclat dans la lutte pour la liberté en Iran.

Je suis certaine que vous poursuivrez vos efforts aux côtés des Achrafiens jusqu'à Téhéran et un Iran libre et démocratique.

Aujourd'hui nous sommes rassemblés à Achraf-3, dans cette exposition de "120 années de lutte du peuple iranien pour la liberté". Un combat avec de multiples hauts et bas, pavés de nombreuses défaites et autant de victoires, baigné de larmes et rayonnant de sourires d'un peuple enchainé, opprimé et réprimé par deux dictatures, l'une monarchiste et l'autre religieuse. Mais cette voie va de l'avant vers une victoire certaine.

Nous avons ouvert notre chemin au milieu des potences, des massacres, des bombardements, des attentats à la bombe et des inscriptions sur les listes terroristes et vous avez toutes et tous été à nos côtés pour surmonter ces épreuves.

Tant de fois, à la manière du phénix, cet oiseau de légende, nous avons brûlé avant de renaitre de nos cendres. Au milieu des hostilités hystériques et des campagnes de diabolisation et de terrorisme effrénées, nous avons redressé la tête. Les mollahs au pouvoir en Iran veulent faire croire qu'il n'existe pas d'alternative crédible et que les Moudjahidine du peuple (OMPI) n'ont pas de base sociale.

Mais l'histoire, avec notre persévérance et celle de notre peuple, se moque des mollahs.

Les chainons manquants

La lutte de 120 années que notre peuple a menée a trouvé, au prix d'un lourd tribut, un à un les chainons manquants menant à la victoire inéluctable. Une structure homogène et une lutte organisée, avec une force déterminée, expérimentée et prête au sacrifice, étaient de ces chainons manquants des mouvements précédents du peuple iranien qui, malgré tous les sacrifices, ont fait que ces luttes n'ont pas abouti. Et à présent, Achraf-3 incarne la résistance organisée du peuple d'Iran pour la liberté.

Chers amis,

Lorsque j'ai découvert des parties de cette exposition, bien que j'ai vécu durant 40 ans tous les moments ainsi que les hauts et les bas de cette résistance, j'ai été à nouveau frappée par la réalité de ces hommes et de ces femmes et la grandeur de cette résistance, et j'ai aussi été frappée par les crimes du régime des mollahs contre les meilleurs enfants du peuple iranien. Le temps mparti ne me permet pas de vous expliquer l'impact profond de ces scènes. Vous les voyez de près. D'un côté l'ampleur gigantesque des crimes et de l'autre l'ampleur gigantesque du sacrifice, de la foi et de l'épopée de la formidable résistance de l'avant-garde du peuple iranien. Oui, c'est vraiment stupéfiant.

L'exposition de 120 ans de lutte du peuple iranien pour la liberté – Achraf 3 - Albanie

Bien sûr, cette exposition n'est qu'un fragment de l'histoire de la lutte du peuple iranien pour la liberté.

Notre nation, au début du 20e siècle, avec la Révolution constitutionnelle, a réussi à écarter la tyrannie de la monarchie absolue. Mais en moins de 15 ans, en raison de l'absence d'infrastructures et d'institutions démocratiques, la dictature est revenue. En l'absence de leadership, de structure et d'organisation, les défenseurs de la liberté ont été réprimés et avec le coup d'Etat de Reza Khan [Pahlavi], une nouvelle dictature s'est installée.

Les mollahs au pouvoir en Iran veulent faire croire qu'il n'existe pas d'alternative crédible et que les Moudjahidine du peuple (OMPI) n'ont pas de base sociale.
Mais l'histoire, avec notre persévérance et celle de notre peuple, se moque des mollahs.

Trente ans plus tard, en 1952, le Dr Mossadegh, dirigeant du mouvement de nationalisation du pétrole iranien, a formé le premier et le seul gouvernement véritablement national et démocratique en Iran. Mais en moins de deux ans et demi, il a été renversé par un coup d'Etat de la CIA. Mossadegh a été emprisonné et son ministre des Affaires étrangères, Hossein Fatemi, a été exécuté.

La dictature noire du chah a régné pendant 25 ans sur l'Iran.

Si Mossadegh avait eu la possibilité d'enraciner les traditions démocratiques, le visage de l'Iran et de la région serait aujourd'hui différent et la menace de l'intégrisme et de l'extrémisme n'aurait pu trouver sa place.

Le véritable héritier du chah était Khomeiny. Dans sa dictature à partie unique, le chah a éliminé les partis traditionnels. En l'absence de liberté et de partis politiques, il ne restait personne d'autre que Khomeiny.

Le chah avait exécuté ou emprisonné les dirigeants des Moudjahidine du peuple et de toutes les forces progressistes. C'est ainsi que Khomeiny, en tant que chef religieux en exil, a trouvé l'occasion de s'installer sur la vague de la révolution du peuple iranien.

En fait, il a usurpé la révolution du peuple iranien et dès le départ a instauré la dictature religieuse, ou ce qu'il appelait le pouvoir absolu du guide suprême. Cependant malgré tous ses crimes et ses massacres, il n'a pas réussi à éteindre la flamme de la liberté.

La liberté, l'objectif de la révolution antimonarchique

Dès ce premier jour, l'organisation des Moudjahidine du peuple, sous la direction de Massoud Radjavi, qui venait à peine de sortir de prison par la force du soulèvement populaire, a lancé le slogan de la liberté et dressé le drapeau de la lutte contre la dictature religieuse du guide suprême.

Il n'a pas permis à Khomeiny de cacher sa férocité sous le masque de la religion et ne lui a pas permis de se stabiliser et d'installer pour toujours son califat diabolique sous la bannière de l'islam. Avec le slogan de paix et de liberté, il n'a pas permis à Khomeiny de continuer davantage sa guerre injuste de huit ans avec l'Irak.

La guerre de Khomeiny, avec le slogan de conquête de Jérusalem via Kerbala et l'Irak, a causé du seul côté iranien un million de morts et un million de blessés et de mutilés, ainsi que mille milliards de dollars de dégâts et la destruction de 50 villes.

Massoud Radjavi a fondé en 1981 à Téhéran le Conseil national de la Résistance et six années plus tard l'Armée de libération nationale iranienne à Achraf. Aux premiers jours du retour de Khomeiny en Iran, lors de sa rencontre avec Massoud à Téhéran, Khomeiny lui a dit : « vous êtes jeunes et les jeunes vous écoutent. Ecrivez quelques lignes disant que ceux qui ne sont pas religieux n'ont pas le droit d'avoir des activités politique et je vous ouvrirai la voie. » Massoud lui a répondu qu'il ne pouvait pas le faire, parce que le peuple avait fait une révolution pour la liberté et que du point de vue des Moudjahidine du peuple, l'islam est la religion de la liberté.

Khomeiny a compris tout de suite les Moudjahidine du peuple n'allaient pas renoncer à leur objectif ni à leur foi dans la liberté pour une place au pouvoir.

“La guerre de Khomeiny, avec le slogan de conquête de Jérusalem via Kerbala et l'Irak, a causé du seul côté iranien un million de morts et un million de blessés et de mutilés, ainsi que mille milliards de dollars de dégâts et la destruction de 50 villes.”

40 années de lutte entre la tyrannie et la liberté

Cet objectif a eu en 40 ans 120.000 martyrs pour la liberté – notamment 30.000 d'entre eux massacrés en 1988 uniquement pour n'avoir pas cédé sur le nom de Moudjahidine du peuple – et un demi-million de personnes arrêtées et cruellement torturées.

Certaines de nos sœurs emprisonnées ont passé des jours et des semaines dans des cages en position accroupies jusqu'à ce qu'elles cèdent. Des prisonnières qui ont enduré cette torture pendant des mois, se trouvent aujourd'hui parmi nous. Elles ont connu des tortures sauvages, comme le supplice d'une mère devant son enfant ou le contraire, suspendre une détenue au plafond et d'autres encore. Mais les mollahs n'ont pas réussi à les briser.

C'est de cette manière que la Résistance a pu continuer et qu'elle s'est développée à Achraf et Liberty. Les crimes des mollahs à Achraf et Liberty avec 22 ultimatums en dix ans, un blocus médical, la torture blanche avec plus de 300 haut-parleurs pendant deux ans et 29 attaques au sol et dans les airs, avec des blindés et des roquettes qui ont fait 7 bains de sang, sont le prix que chacun de ces Moudjahidine du peuple ont payé de tout leur être.

Posez la question à qui vous semble bon, on vous répondra que leur persévérance était fondée sur trois éléments :

En premier, le choix en toute conscience de la voie de Dieu et du peuple, c'est-à-dire la voie de l'évolution et de l'histoire

En second, le choix de la cause de la liberté du peuple d'Iran, cela aussi en toute conscience, et du prix à payer,

Et en troisième, la structure appropriée pour parvenir à la liberté, à savoir les Moudjahidine du peuple d'Iran que les mollahs tentent depuis 40 de toutes leurs forces d'éliminer.

La cité d'Achraf digne et puissante

Chers amis,

La scène politique de ces 40 dernières années dans tout l'Iran, a été une bataille entre la tyrannie et la liberté dont les Moudjahidine du peuple ont été l'avant-garde. En Iran, du nord au sud, on ne trouve pas une seule ville qui n'ait vu leur sang couler.

Mais aujourd'hui, nous sommes à un tournant. La cité d'Achraf a une fois de plus été édifiée, digne et puissante, et resplendit comme le bastion de la résistance.

Une cité d'Achraf qui s'est reproduite sous la forme d'un millier d'unités de résistance partout en Iran. Et une société explosive qui ne veut plus rien accorder au régime des mollahs et qui veut son renversement.

En face, se trouve un régime plongé dans les crises de sa belligérance et de son terrorisme, dans les sanctions internationales et dans la phase de son renversement. Mais le peuple et l'histoire de l'Iran avancent sur la route de la victoire assurée.

Sur cette voie, l'organisation des Moudjahidine du peuple, avec un millier de femmes héroïques qui forment son conseil central, dépasse une simple organisation politique et constitue pour la nation iranienne un trésor national et l'espoir dans la liberté et la démocratie.

Il ne fait aucun doute que liberté l'emportera sur la tyrannie et que le jour de la libération du peuple iranien arrivera.

Je vous remercie.

Notre nation au début du 20e siècle, avec la Révolution constitutionnelle, a réussi à écarter la tyrannie de la monarchie absolue. Mais en moins de 15 ans, en raison de l'absence d'infrastructures et d'institutions démocratiques, la dictature est revenue.

Maryam Radjavi : le progrès des femmes dans le mouvement de la Résistance vient d'une bataille incessante contre la pensée réactionnaire et d'exploitation

Discours à la conférence internationale à la cité d'Achraf-3 sur le leadership des femmes dans la Résistance iranienne

Le 14 juillet 2019

03

Mesdames et Messieurs,

Chers amis,

Je vous salue chères sœurs d'Albanie et de nombreux pays d'Europe, d'Amérique, du Canada, d'Australie, d'Asie et de pays arabes venues à cette conférence. Je salue également mes chères sœurs, membres de la grande famille de la Résistance. Bienvenues à Achraf-3.

Je salue aussi mes sœurs, membres du Conseil central de l'organisation des Moudjahidine du peuple d'Iran (OMPI) qui sont pour la plupart dans cette salle.

Ce genre de réunion en général se passe pour la Journée internationale des femmes, mais partout où les femmes se rassemblent pour parler de leur mission pour la liberté et l'égalité et pour la libération de la société, ce jour-là est la Journée des femmes.

Cette réalité vaut particulièrement pour les femmes iraniennes, car elles résistent face à un régime réactionnaire et intégriste dont la misogynie est la première caractéristique.

Avant la mise en place du régime, les femmes avaient participé à une grande échelle au soulèvement en Iran. Cela traduisait l'élan pris par les femmes et leur rôle dans la lutte. La présence massive des femmes dans la révolution antimonarchiste bénéficiait de précédents historiques et de terrains de lutte importants.

En particulier, dans les années 1970, les femmes ont activement pris part à la lutte révolutionnaire contre le chah. Des femmes d'avant-garde comme Fatemeh Amini, Marzieh Oskoui, Azam Rouhi-Ahangaran et Achraf Radjavi figurent au nombre des femmes éminentes de cette lutte qui ont ouvert la voie de la révolution au prix de très nombreux sacrifices.

Mais le régime qui s'est ensuite installé est une dictature religieuse misogyne. Quand il est arrivé au pouvoir en 1979, ce fut comme un barrage dressé face au torrent impétueux de l'avancée des femmes en Iran. J'ai de nombreux souvenirs de ces jours et de ces moments. C'était comme si deux forces ennemies se faisaient face sur le champ de bataille. L'hostilité des mollahs vis-à-vis des femmes, et le dégout et la méfiance des femmes vis-à-vis de ce nouveau régime ont commencé dès le lendemain de l'arrivée de Khomeiny. Cela signifie que dès que les mollahs ont volé la révolution et se sont emparés du pouvoir, ils ont commencé la répression des femmes avec le slogan « le voile ou un coup sur la tête ». C'est ainsi que la résistance des femmes face à ce régime a commencé et qu'elle continue à ce jour.

La misogynie est la force motrice de la répression générale de la société

Il serait bon d'examiner brièvement le statut des femmes iraniennes dans quelques domaines. Sur le plan de la participation politique, je dois dire que dans le pouvoir en place et les centres de prises de décisions dans l'ensemble de la hiérarchie de ce régime, les femmes ne jouent aucun rôle.

Un autre sujet consiste à priver les femmes des libertés individuelles et sociales et de leur droit de libre choix dans le domaine du voyage, du mariage et de la vie privée, dans la vie professionnelle et plus encore, du droit de choisir librement leurs vêtements.

Un autre problème est l'instauration par le régime des mollahs de l'inégalité et de terribles discriminations contre les femmes. L'inégalité criante dans l'accès à l'emploi, les salaires, la famille, les études, le témoignage au tribunal, le recours aux services sociaux et aux assurances, la part d'héritage, le sport et une liste exhaustive dans tous les domaines.

> **“Le régime qui s'est installé est une dictature religieuse misogyne. Quand il est arrivé au pouvoir en 1979, ce fut comme un barrage dressé face au torrent impétueux de l'avancée des femmes en Iran.”**

Ces discriminations ont existé dans n'importe quelle société et à n'importe quelle époque dans le but d'enchainer la population, la réprimer, la piller et lui confisquer ses droits politiques.

Un autre point est la violence et l'insécurité courantes contre les femmes. Nulle part en Iran les femmes ne se sentent en sécurité. Ni dans les lieux de travail, ni dans la rue, ni même dans le milieu familial. Avec une multitude de patrouilles, d'agents de sécurité et de forces spéciales qui ont pour tâche uniquement d'humilier les femmes ou de les arrêter, le régime pratique cette répression au quotidien.

Dans les prisons, les femmes sont couramment victimes de traitements inhumains. Depuis le début du mandat présidentiel de Rohani jusqu'à ce jour, 90 femmes ont été exécutées.

Mais en regardant en profondeur le comportement des mollahs contre les femmes, on voit que cette misogynie est la source de la politique de répression de toute la société.

Les femmes sont les principales victimes de la pauvreté et de la misère en Iran

Je dois aussi parler de la propagation de la misère et des privations dont la plupart des victimes sont des femmes.

Plus de 62 % des femmes et des filles âgées de plus de 10 ans sont reléguées au foyer. Celles qui ont décroché des emplois, sont la main-d'œuvre la moins chère au monde. Les femmes constituent la moitié des ouvriers des briqueteries.

La moyenne de la participation économique urbaines des femmes au Moyen-Orient est de 22% mais elle est de 12% dans les villes d'Iran. Cela fait 50 ans que ce chiffre n'a pas bougé. L'Organisation internationale du travail qui a analysé la situation dans 200 pays, a montré que l'Iran se classait parmi les six pays de queue, c'est-à-dire parmi les pays ravagés par la guerre comme la Syrie et l'Irak.

Peut-être avez-vous entendu les lobbies du régime dire que si les mollahs étaient renversés, l'Iran connaitrait le chaos et des catastrophes.

Or au moment où je vous parle, sous le régime des mollahs, les femmes en Iran sont dans la situation des femmes des pays en guerre, voire pire en termes de pauvreté, de chômage et d'errance.

Regardez le salaire de misère des jeunes ouvrières qui les plongent dans une situation douloureuse. Des jeunes filles avec une licence ou une maitrise ont un emploi payé entre 10 et 20 dollars par mois.

(De g. à d.) Alefe Joveini , Giuseppina Occhionero, Maria Ryan, Ingrid Betancourt, Maria Candida Almeida et Ranjana Kumari.

En réalité, sur le marché du travail en Iran, non seulement les femmes constituent une main d'œuvre bon marché, mais elles sont aussi victimes d'une terrible exploitation.

A nos yeux, la réponse commune à toutes ces agressions est la liberté et l'égalité. Pas l'égalité seulement et pas la liberté seulement. Mais bien la liberté ET l'égalité. C'est la réponse à l'émancipation des femmes. C'est pour cela que j'ai toujours insisté sur le fait que non seulement les femmes sont leurs propres libératrices, mais qu'elles sont aussi les libératrices de leur société. C'est une mission qui nous revient et nous sommes déterminées à la mener à bien.

Les femmes au premier rang de la lutte contre le régime des mollahs

Mes chères sœurs,

Il y a quelques minutes, j'ai parlé de la présence massive des femmes dans la lutte contre deux dictatures. Dès le début de la tyrannie religieuse, les femmes ont été en première ligne de la bataille et plus important encore, elles ont été à l'avant-garde, en éclaireuses.

A cette époque, pour pouvoir participer à la lutte, les femmes ont été confrontées à deux fois plus de difficultés que les hommes, surtout pour les jeunes filles musulmanes. Car avant les Moudjahidine du peuple d'Iran, il n'existait pas de mouvement avec des femmes musulmanes dans la lutte contre la dictature.

C'est l'OMPI qui a brisé ce tabou.

Ensuite, une des particularités surprenantes de l'OMPI sous la direction de Massoud Radjavi a été de faire entrer les femmes musulmanes à une grande échelle sociale dans la lutte contre Khomeiny, qui était un chef religieux, et contre les réactionnaires et les intégristes dans l'ensemble de l'Iran. Elles aspiraient à la liberté, à l'égalité et à l'islam démocratique, mais chaque jour le régime déployait contre elles davantage de pressions, de répression et d'interdictions.

Certes, l'histoire de ces quarante années contre la dictature religieuse se distingue par le rôle d'avant-garde des femmes des Moudjahidine du peuple.

Ces derniers jours, vous avez visité une exposition qui regroupe des épisodes de l'histoire de la Résistance du peuple iranien durant ces quarante années. L'exposition rappelle le chemin sanglant parcouru par les femmes de la Résistance. Vous avez vu les images des cages où étaient enfermées les prisonnières. Certaines de celles qui ont passé de longues périodes dans ces cages sont assises ici à vos côtés. Vous avez vu des images des quartiers résidentiels où les prisonnières étaient persécutées de manière sadique 24h/24. Vous voyez ici des femmes qui ont survécu au massacre de l'été 1988 et des femmes qui ont traversé ces terribles épreuves et qui poursuivent leur lutte la tête haute.

A propos des combats que ces femmes ont livrés dans les prisons des mollahs et à propos de certaines des dizaines de milliers de femmes qui ont été torturées ou exécutées ces quarante dernières années, de Fatemeh Mesbah âgée de 13 ans jusqu'à Mme Zakeri qui en avait 70, de nombreux livres ont été écrits. Cependant, en vérité l'histoire de la résistance de ces femmes n'a pas encore été révélée.

Elles ont supporté de terribles tortures, elles ont résisté à la bestialité des interrogateurs et des pasdarans, résisté pour préserver leur groupe, leur moral collectif et leur combattivité dans les prisons de femmes. De même, elles se sont démenées pour se reconnecter à l'OMPI et ont déployé maints efforts pour créer de nouvelles unités de résistance. Tout ceci est une épopée de la persévérance des femmes.

Le mérite de ces femmes se montre aussi sur le champ de bataille pour la liberté. Les difficultés propres à la présence des femmes dans les rangs d'une armée pour lutter contre un ennemi, font partie d'un autre chapitre : comment les unités de combattantes se sont formées, ont mené leur formation et leur entrainement et comment elles ont appris à commander. Et aussi comment en 14 années de persévérance à Achraf et Liberty, elles se sont battues contre tous les obstacles et n'ont pas cessé de résister.

Un millier de femmes d'avant-garde au Conseil central de l'OMPI

A présent vous voyez ici un millier de femmes d'avant-garde. Un millier de femmes venant de diverses villes d'Iran, venant des universités d'Amérique du nord, d'Europe et d'Iran.

Elles ont tiré un trait sur leurs professions et leurs familles et ont rejoint l'OMPI pour la liberté de leur peuple et de leur patrie. Vous voyez ici trois générations de femmes les unes à côté des autres.

WOMEN FORCE FOR CHANGE

En fait, la plus haute instance directive de ce mouvement est entièrement composée de femmes. C'est le résultat du chemin parcouru par l'OMPI, dès le début sous la direction de Massoud Radjavi, avec la foi dans la liberté et l'égalité.

Il est bon de rappeler que deux mois après l'arrivée au pouvoir de Khomeiny, l'OMPI avait publié dans une déclaration en 15 points de ce qu'elle attendait à l'époque du nouveau pouvoir. Au point six, l'OMPI demandait « la totalité des droits politiques et sociaux des femmes » et soulignait en particulier « des salaires égaux à travail égal » pour les travailleuses.

Quelques mois plus tard, quand Massoud est devenu candidat à l'élection présidentielle, il a présenté un programme en 10 points qui commençait avec la création de conseils pour la participation populaire à l'administration du pays et le septième point était l'égalité des femmes et des hommes.

D'autres points, comme les droits des minorités ethniques, la liberté totale des partis, des opinions, de la presse et entre les chiites et les sunnites, figuraient également dans ce programme qui a été accueilli et soutenu massivement par les femmes, les jeunes, les minorités, les fidèles des diverses religions et la quasi-totalité des groupes et des partis. De telle manière que Khomeiny s'est effrayé et a pris la décision scandaleuse, contraire à sa promesse, de supprimer la candidature de Massoud.

Issues like poverty and discrimination, homeless children and citizens, environmental disasters, and most importantly, political and social participation of all individuals, the right to the freedom of choice, and of course, eliminating gender discrimination.

C'est dans ces tensions qu'une génération de jeunes filles et de femmes a trouvé, jour après jour, une conscience de lutte et a pris part massivement à la bataille contre les réactionnaires et le combat pour la liberté et l'égalité.

Un des moments importants de cette lutte brillante, a été ces filles qui malgré leur jeune âge ont fait preuve de la plus grande résistance face aux pasdaran et aux tortionnaires. On peut citer parmi ces héroïnes Homeyra Eshragh, Zahra et Kobra Ebrahimian, ainsi que Soraya Abolfathi, dont les noms sont à jamais gravés dans l'histoire de la lutte des femmes.

Avec Massoud et avec leur foi dans la cause de la liberté, elles ont ouvert les yeux sur le monde de la politique et de la lutte et ont été chacune des avant-garde de cette voie. Les jeunes filles qui luttent aujourd'hui dans les unités de résistance poursuivent ce chemin. C'est pourquoi, lorsqu'on parle des membres du Conseil centrale de l'OMPI, en premier lieu, ce sont des femmes qui ont ouvert leur voie dans les prisons et sur les champs de batailles.

En second lieu, elles ont dû ouvrir leur voie contre deux idéologies abominables. L'une contre le sexisme et l'autre contre l'égocentrisme. C'est délibérément que j'ai utilisé des mots négatifs pour bien marquer la différence avec l'épanouissement des qualités humaines de l'individu.

Ces femmes ont endossé de lourdes responsabilités. Dans la défaite comme dans la victoire, dans tous les hauts et les bas, elles ont choisi de ne pas abandonner leurs engagements. La nécessité qui les a poussées à accepter les responsabilités et le leadership a été dictée par la libération de la société. C'est notre responsabilité. Nous devons apporter des réponses aux plus grandes souffrances et aux plus grands défis de notre société.

La libération de la société requiert le leadership des femmes

Les problèmes de la misère et des discriminations, le problème des enfants sans abris, des gens sans abris, des catastrophes écologiques, et plus important que tout, la participation politique et sociale de toutes les composantes de la société, le droit au libre choix et bien-entendu l'émancipation des femmes et des hommes du sexisme, tout ceci relève de notre responsabilité.

Je dois souligner que l'égalité et l'émancipation des femmes n'ont de signification que lorsqu'elles sont accompagnées par l'émancipation des hommes. C'est un acquis de notre mouvement : c'est l'excellence humaine des hommes d'avant-garde qui se sont insurgés contre le sexisme et le patriarcat, qui s'efforcent d'élaborer des relations véritablement égales et qui s'émancipent dans cette voie. Si notre mouvement n'était pas profondément opposé à l'exploitation, à tous ses mécanismes politiques, sociaux, intellectuels et culturels, les femmes n'auraient pu y acquérir ce statut de manière durable.

L'avancée des femmes dans le mouvement de la Résistance relève avant tout d'une bataille continue contre les conceptions réactionnaires et d'oppression. Il y a dans les idées qui dominent que les femmes sont inférieures et incapables et cela remonte au début de l'histoire de l'humanité.

Mais les femmes de cette Résistance se sont battue contre ces idées et cette lutte continue. Plus elles se débarrassent des conceptions égocentriques et plus elles resserrent leurs liens d'unité entre elles, plus elles parviennent à un stade nouveau de capacités, de sens des responsabilités et continuent de progresser.

Cela veut dire que le chemin de progression d'un individu,

passant d'une vie isolée et repliée sur soi, à une vie collective résultant de l'évolution, au plus haut niveau des relations humaines, demande une lutte continue.

Les femmes sont la réponse au renversement de la dictature religieuse

Dans cette voie, les femmes peuvent et doivent être à l'avant-garde. C'est ici que les femmes iraniennes aujourd'hui sont la réponse au renversement de la tyrannie religieuse et qu'elles apporteront demain la paix et la reconstruction.

Heureusement aujourd'hui, le message libérateur de l'OMPI et particulièrement de l'égalité, est très bien accueilli par la jeunesse, filles et garçon, des villes d'Iran. Les unités de résistance qui ces deux dernières années se sont développées, sont profondément influencées par le modèle que les femmes de la Résistance ont créé.

Une jeune de Khorramabad a écrit : « je suis un bourgeon de l'arbre robuste de l'OMPI, je pousse, je suis vivante et je me bats. Je suis Modjahed, donc je suis. »

Et voici des phrases d'une lettre de Mina, membre d'une unité de résistance : « je vois en rêve s'épanouir des fleurs d'espoir et elles me disent : même si la nuit est noire, sois courageuse, l'aube est proche. Mon cœur, au cœur de la nuit, rêve de devenir un papillon. »

Ces filles et ces garçons éveillés et courageux s'inspirent de quarante années de sacrifice et de persévérance des Moudjahidine du peuple. Pour cette jeunesse, les convictions et la fidélité de l'OMPI à la liberté et l'égalité est un exemple vivant qui leur donne la direction à suivre dans la lutte contre la tyrannie en place.

Je voudrais ici saluer les prisonnières politiques, en particulier mes sœurs combattantes et Modjahed qui résistent dans les prisons de Khamenei un peu partout en Iran. En plus d'être des opposantes à la dictature, elles ont commis le crime impardonnable d'être des femmes insurgées.

Être femme et ne pas se soumettre, être femme et être sur le terrain de la lutte, être femme et au lieu de penser à soi, penser à la libération du peuple enchaîné ; voilà quelque chose qui rend fous les mollahs.

Permettez-moi pour finir de m'adresser à mes sœurs en Iran, en particulier aux jeunes filles éveillées qui n'en peuvent plus des conditions insupportables actuelles.

Aujourd'hui il règne une situation hors norme. Le régime n'a pas de voie de sortie ni devant ni derrière lui. La société est comme un feu qui couve sous la cendre, l'économie est totalement paralysée.

Khamenei et son régime, nuit et jour tourmentent et se déchainent, frappent, tuent et pillent pour que les femmes en Iran capitulent.

Mais la voie que les femmes et les filles éveillées et insurgées veulent suivre en s'inspirant des 1000 femmes d'Achraf, est celle d'une lutte libératrice. C'est un exemple où les regards, les normes, les pensées et les valeurs sexistes n'ont pas de place.

L'exemple d'une femme insurgée où la femme est déterminante, influente et ouvre la voie. Une femme qui considère le destin politique de sa société et de son pays, comme son propre destin ; qui considère que sauver l'Iran de la dictature, de la misère et de l'arriération relève de sa responsabilité ; qui considère que sauver des millions d'enfants qui ont faim et sont sans abris est son propre travail ; qui considère que sauver toutes ces femmes des ténèbres qui ont souillé leur destin de honte et d'humiliation est de sa responsabilité.

C'est de cette manière que les femmes résistantes et insurgées se battent pour la liberté. C'est de cette façon qu'elles font advenir la cause de l'égalité. Je vous remercie.

“

Être femme et ne pas se soumettre,
être femme et être sur le terrain de la lutte,
être femme et au lieu de penser à soi,
penser à la libération du peuple enchaîné ;
voilà quelque chose qui rend fous les mollahs.

”

Maryam Radjavi : le mouvement pour la justice continue jusqu'au procès des bourreaux

Discours de Maryam Radjavi à la conférence du mouvement pour la justice des victimes du massacre de 1988 en Iran

Le 15 juillet 2019

04

Mesdames et Messieurs,

Chers amis,

Je salue messieurs Ghozali, Garcès, Boumedra et Murphy, ainsi que le Père Brian et les avocats des Achrafiens qui demandent justice pour les Moudjahidine du peuple victimes de massacres.

Et je vous salue à vous, mes sœurs et frères, en particulier plus de 900 prisonniers politiques torturés par les dictatures du chah et des mollahs, dont beaucoup se trouvent ici.

Nous sommes à la veille du 31e anniversaire du martyre de 30.000 prisonniers politiques massacrés sur ordre de Khomeiny pour le crime d'avoir maintenu leur position et d'être restés fidèles au nom de "Moudjahidine du peuple" et à la cause de la liberté.

Adressons des milliers de saluts à ces jeunes âmes, à ces passionnés de la liberté et de la beauté, à ces reflets cristallins de l'espoir du peuple d'Iran.

Même mes amis oublient de me le rappeler
Mais je me souviens d'eux mille fois
Même si cent rivières coulent de mes yeux
Il faut se rappeler la rivière éternelle
de ceux qui arrosent les jardins.

“Le massacre des Moudjahidine du peuple et d'autres combattants prisonniers politiques a été le choc sanglant entre le Moyen-Age et la génération de demain”

Un choc entre le Moyen-Age et la génération de demain

Les victimes du massacre sont la conscience insurgée de l'histoire de l'Iran. Des trésors de sincérité, de sacrifice et de fidélité que notre société recélait dans son cœur et d'où jaillit sa vie authentique.

Durant le massacre, dans une section de la prison d'Ahwaz, dans le sud-ouest de l'Iran, il y avait deux mollahs, Djazayeri et Abdollahi, qui hurlaient : « vous devez prendre position. Il y a d'un côté Khomeiny et de l'autre Massoud Radjavi. Vous êtes de quel côté ? »

Du fond de la salle une jeune fille a crié : « Vive Massoud ! A bas Khomeiny ! » Elle s'appelait Sakineh Delfi. Cette héroïne de 26 ans était originaire de la ville d'Abadan. En l'entendant crier, les pasdaran se sont jetés sur elle et l'ont gravement blessée. Le lendemain, sur les 350 personnes de cette section, 349 ont été pendues.

C'est de cette manière qu'a été taillé le joyau de la sincérité et du sacrifice, que son prix a été payé pour devenir le capital de la cause de la liberté et de l'avenir du peuple d'Iran.

Alors reprenons à nouveau le chant que Mahmoud Hassani, originaire de Chahroud, qui chantait avec 60 autres Moudjahidine en traversant le couloir de la mort de la prison d'Evine : « quand la nuit venue, tu vois une étoile filante dans le ciel, souviens-toi des flammes vivantes qui dans les nuits glaciales d'Evine se sont éteintes, pour qu'à l'aube, une étoile puisse s'allumer. »

PERPETRATORS MUST BE TRIED

30,000

Le massacre des Moudjahidine du peuple et d'autres combattants prisonniers politiques a été le choc sanglant entre le Moyen-Age et la génération de demain. La génération insurgée de la révolution de février, forte de la détermination d'une société libre et égale, et qui s'est retrouvée face au monstre de la tyrannie religieuse et sa vague de répression et de pillage. Le massacre de l'été 1988 est la scène effroyable de ce face-à-face historique. Mais ce n'en était pas la fin, car malgré toute sa douleur, c'était le début d'une tension qui continue et qui mènera la société à la liberté.

De ce point de vue, le massacre de 1988 est lié à la liberté et l'avenir de l'Iran, aux droits de l'homme lapidés de l'Iran, à la résistance pour la liberté et l'égalité, à la trahison des étrangers partisans de la complaisance, à la peur et la honte de ceux qui en Iran prônent la soumission et bien entendu au renversement du régime. Parce que le jour où les mollahs, sous la pression du mouvement pour la justice du peuple iranien, seront contraints d'ouvrir le dossier de ce grand crime, ce sera la fin de la dictature religieuse.

Nous avons entendu et lu à maintes reprises dans les témoignages que face aux bourreaux, ces prisonniers politiques héroïques résistaient et saluaient le nom de Massoud Radjavi. Ils chuchotaient avec leurs codétenus les phrases apprises par cœur de ses discours. Dans les parloirs, ils se débrouillaient pour avoir des nouvelles de lui. En répétant ce nom le plus brûlant de notre époque, ils avaient un message. Leur message était le suivant : vous les générations qui viendrez après nous, vous les jeunes qui entendrez notre histoire inachevée, faite avancer la voie et la cause de Massoud. La voie de la lutte pour une société libérée de l'oppression, libérée de la répression et de la tyrannie, libérée de l'ignorance et de l'imposture. Une cause qui prend tout son sens avec le mot sacré de liberté.

Khomeiny voulait éradiquer l'OMPI

Vous savez que le but suprême du massacre de 1988, comme l'avait écrit Khomeiny dans son décret, était d'éradiquer totalement l'OMPI. C'est pour cela qu'il a mis en marche sa machine à tuer dans plusieurs domaines :

La vague la plus intense du massacre a commencé dans les prisons d'Evine à Téhéran et de Gohardacht à Karadj et visaient spécialement les membres de l'OMPI. Montazeri, le dauphin déchu de Khomeiny, a qualifié la tuerie dans ces deux prisons de « boucherie qui ne s'est déroulée nulle part ailleurs dans le monde ».

Le 25 aout 1988, le président du Conseil national de la Résistance iranienne, Massoud Radjavi, dans un télégramme au Secrétaire général de l'ONU Javier Perez de Cuellar, révélait que « pour les seules journées des 14, 15 et 16 aout, 860 corps de prisonniers politiques exécutés ont été transportés de la prison d'Evine au cimetière de Behecht-Zahra de Téhéran. »

Une autre partie importante du massacre a été la tuerie à grande échelle dans les prisons centrales des provinces qui s'est déroulée selon le deuxième décret de Khomeiny. Ce dernier y disait que les juges ne devaient pas perdre de temps en envoyant les dossiers dans les centres judiciaires des provinces, et qu'ils devaient exécuter les Moudjahidine du peuple dans n'importe quelle prison où ils se trouvaient.

Dans la liste la plus récente des victimes du massacre que l'OMPI a rassemblée, figurent les noms de 110 villes de province où ont été menées ces exécutions.

Maryam Radjavi et Aziz Rezaï
la Mère des martiers Rezaï

Dans l'exposition installée ici, qui montre la bataille du peuple iranien contre la tyrannie religieuse, il y a une partie impressionnante avec des cartes séparées des provinces iraniennes montrant chacune sans exception d'innombrables enfants du peuple iranien exécutés dans le massacre de 1988 ou dans les exécutions des années 1980 et après. C'est-à-dire que le peuple iranien, de toutes les origines ethniques et religieuses, des villes et des provinces, a payé le prix le plus élevé pour le renversement du régime et l'instauration de la liberté. Il était uni et solidaire et l'est toujours. Ce n'est pas un hasard si ce sont exactement ces villes et ces provinces qui se révoltent continuellement et où grondent les mouvements de protestation et où les villes se soulèvent les unes après les autres.

Notre société est faite de ce feu qui ne laisse pas de place à Khamenei et qui promet le renversement de ce régime.

Arrestation et exécution des prisonniers libérés

Un autre fait important parallèle à ce massacre, et à l'extérieur des prisons, ce sont les arrestations massives des prisonniers préalablement remis en liberté et des sympathisants de l'OMPI pour ensuite les exécuter en prison.

Au cours du premier mois du massacre, le président du CNRI a envoyé un télégramme au Secrétaire général de l'ONU pour lui dire qu'en même temps que les exécutions collectives des prisonniers politiques, « une vague de grande ampleur d'arrestations politiques a commencé dans diverses villes d'Iran touchant plus de 10.000 personnes ».

Après ceci, le Pr Kazem Radjavi, grand martyr des droits humains de l'Iran, qui était à l'époque le représentant du CNRI à la session officielle à la commission d'enquête de l'ONU sur les disparitions politiques au Palais des Nations à Genève, avait affirmé dans son discours : « en réaction à la résolution du Conseil de sécurité de l'ONU, le régime de Khomeiny a déversé toute sa haine sur les sympathisants de la Résistance dans le pays. De manière à ce que, depuis l'annonce du cessez-le-feu (dans la guerre Iran-Irak) jusqu'à présent, chaque jour des centaines de personnes dans diverses villes d'Iran sont enlevées et envoyées en secret devant le peloton d'exécution ou jetées en prison. »

Une autre partie encore de ce massacre, a été les procès minutes des sympathisants de l'OMPI dans l'ouest de l'Iran.

Le 24 juillet 1988, Khomeiny a donné l'ordre secret de mettre sur pied un tribunal de campagne sous le nom de « tribunal d'examen des violations de guerre » et a nommé à sa tête le mollah Ali Razini. Le texte complet de cet ordre a été publié par la Résistance trois mois plus tard.

Mais dans les jours qui ont suivi, le tribunal a changé rapidement d'orientation et au lieu des violations dans la guerre Iran-Irak, il a visé les partisans de l'OMPI dans l'ouest du pays. La population de l'ouest de l'Iran s'était soulevée en soutien à l'OMPI et des jeunes des autres provinces étaient allés dans l'ouest dans cet objectif.

Le 17 aout 1988, le président du CNRI a envoyé au Secrétaire général de l'ONU et aux dirigeants des cinq membres permanents du Conseil de sécurité, un télégramme sur les exécutions massives de gens qui n'avaient pas participé aux opérations de l'Armée de libération nationale iranienne et qui étaient uniquement exécutés pour leur soutien à l'OMPI.

L'impunité octroyée par la politique de complaisance

Le but, en évoquant ces événements, est de rappeler que les premières semaines après le début du massacre, la Résistance iranienne a lancé des activités sur la scène internationale pour dénoncer ces crimes et faire réagir le monde, en particulier les gouvernements occidentaux. Mais en raison de la politique de complaisance qui venait de faire ses premiers pas, ils ont gardé le silence.

En vérité, une des conséquences les plus destructrices de la politique de complaisance a été d'octroyer l'impunité aux bourreaux au pouvoir, ce qui a commencé au début des années 1980, a connu son apogée lors du massacre et continue encore.

Cette impunité accordée aux dirigeants du régime des mollahs leur a permis, tout comme ils avaient commis le massacre des prisonniers et des personnes arrêtées en suivant un plan ordonné, de dissimuler également ce crime selon un plan contrôlé. Vous savez que depuis 1988, le régime n'a cessé de prendre des mesures pour faire disparaitre les fosses communes des victimes du massacre dans tout l'Iran.

Notamment en construisant des bâtiments ou des routes sur ces fosses communes, en transformant le terrain à coups de bulldozer, en construisant de nouveaux cimetières par-dessus, en arrêtant et torturant les familles qui recherchaient les tombes de leurs chers disparus. Une partie importante de ces informations, voire même des photos de ces destructions ont été publiées. Mais la communauté internationale en général s'est contentée de regarder en silence.

Le régime en place évite de publier des informations et des détails sur le massacre des prisonniers politiques, et refuse de rendre des comptes sur la scène internationale. Il refuse de donner la moindre information sur les tombes des exécutés à leurs familles, il détruit les fosses communes, mais nul ne lui demande des comptes.

Les plus hauts responsables de ce massacre et les membres des commissions de la mort occupent les plus hautes fonctions du pouvoir. Du chef de l'appareil judiciaire au président de la cour suprême en passant par le ministre de la soi-disant Justice, tous les trois jouissent de l'impunité.

Il est temps que le dossier des violations des droits humains en Iran, surtout les exécutions des années 1980 et le massacre de 1988, soit renvoyé devant le Conseil de sécurité de l'ONU

Plusieurs, notamment Khamenei, prennent la défense du massacre de 1988 et vont jusqu'à dire qu'ils en sont fiers. Et ils continuent de jouir de l'impunité.

De telle manière qu'Amnesty International, dans son rapport de décembre dernier, a déclaré que « l'Iran est confronté à une crise d'impunité » et « la poursuite des crimes en Iran est liée directement à l'impunité dont jouissent les dirigeants du régime iranien ».

C'est cette impunité et ces yeux fermés sur les massacres qui ont encouragé le régime à exporter son terrorisme et sa belligérance.

Mettre fin à trente années d'impunité

Il est temps que la communauté internationale mette fin à trente années d'impunité des dirigeants du régime des mollahs.

Il est temps que le dossier des violations des droits humains en Iran, surtout les exécutions des années 1980 et le massacre de 1988, soit renvoyé devant le Conseil de sécurité de l'ONU.

Il est temps que Khamenei et les autres dirigeants du régime comparaissent en justice pour leurs crimes contre l'humanité.

Le mouvement pour la justice continue : nous continuons pour que soit révélée la totalité des informations sur ce grand crime, pour que soient révélées les tombes de l'ensemble de nos sœurs et frères, et jusqu'au jour où, un à un, les bourreaux au pouvoir seront trainés devant la justice, jusqu'au jour où ce régime de massacre du guide suprême sera renversé par le peuple iranien avec les unités de résistance et la grande armée de la liberté. ❞

Il est temps que l'ONU forme une commission internationale pour mener une enquête sur ce massacre.

Et il est temps que le monde reconnaisse le droit du peuple iranien à résister pour renverser le fascisme religieux.

J'appelle la communauté internationale, le Conseil de

sécurité de l'ONU et ses Etat membres, le Conseil des droits de l'homme et les divers organes concernés de l'ONU, ainsi que l'Union européenne, les défenseurs des droits humains et ceux qui demandent la justice dans le monde à se dresser pour mettre fin à l'impunité des responsables de ce massacre.

Comment le monde peut-il supporter de s'asseoir à côté de gens à l'ONU et de négocier avec eux alors qu'ils ont les mains souillées du sang de dizaines de milliers de prisonniers politiques ? C'est une insulte aux droits humains. C'est ouvrir la voie à l'extrémisme et à l'intégrisme. C'est mettre en danger la justice et la démocratie, non seulement en Iran, mais aussi dans toute la région et dans le monde.

Ce massacre des prisonniers politiques en Iran est le plus grand massacre de prisonniers politiques de l'après seconde guerre mondiale.

Le mouvement pour la justiceun mouvement d'opprimés

J'appelle l'ensemble des Iraniens en Iran et à l'étranger à apporter leur aide pour faire progresser et se développer le mouvement pour la justice en faveur des victimes du massacre de 1988, autant qu'ils le peuvent et sous la forme qu'ils peuvent. C'est le mouvement des innocents. C'est le mouvement des opprimés. C'est le mouvement des endeuillés. Toutes celles et tous ceux qui dans ce régime ont connu la prison et ont reçu le fouet, et toute femme qui a été menacée et humiliée, sont membres de ce mouvement. Quiconque sent sa conscience bouleversée par tous ces crimes est membre de ce mouvement

Un jour, face au bellicisme de Khomeiny nous avons dressé le drapeau de la paix et nous avons tenu bon si longtemps que grâce aux opérations de l'Armée de libération nationale iranienne, nous avons fait avaler à Khomeiny la coupe de poison du cessez-le-feu.

Un jour, nous nous sommes dressés contre le programme funeste de la fabrication de la bombe atomique et nous avons tant persévéré que nous avons fait avaler la coupe de poison de l'accord nucléaire à Khamenei.

Et à présent nous avons juré de persévérer sur l'appel à la justice jusqu'à faire avaler la coupe de poison des droits humains et du dossier du massacre de 1988 à ce régime. Oui, un millier de coupes de poison au service d'un millier d'Achraf, de bastions de résistance, pour renverser les mollahs et instaurer la liberté.

Le mouvement pour la justice continue : nous continuons pour que soit révélée la totalité des informations sur ce grand crime, pour que soient révélées les tombes de l'ensemble de nos sœurs et frères, et jusqu'au jour où, un à un, les bourreaux au pouvoir seront trainés devant la justice, jusqu'au jour où ce régime de massacre du guide suprême sera renversé par le peuple iranien avec les unités de résistance et la grande armée de la liberté.

Saluons la mémoire des martyrs !

Je vous remercie.

Messages aux Iraniens des rassemblements dans cinq grandes capitales du monde

En réponse à l'appel du dirigeant de la résistance iranienne Massoud Radjavi, les Iraniens épris de liberté ont organisé des rassemblements à Bruxelles, Washington, Berlin, Stockholm et Londres en solidarité avec les soulèvements du peuple iranien et la Résistance en faveur d'un changement de régime. Ils ont déclaré leur soutien aux unités de résistance à l'intérieur de l'Iran, à la grande armée de la liberté et à l'alternative démocratique, le Conseil national de la Résistance iranienne.

Les rassemblements et les manifestations se sont déroulés à Bruxelles le 15 juin, à Washington le 21 juin, à Berlin le 6 juillet, à Stockholm le 20 juillet et à Londres le 27 juillet 2019.

Les Iraniens ont défilé dans les rues des principales capitales du monde pour condamner les violations flagrantes des droits humains en Iran, le terrorisme du régime iranien et le bellicisme dans la région, et pour faire entendre la voix du peuple iranien au grand public.

Maryam Radjavi: Appel à l'Union européenne à inscrire les pasdaran et le ministère du Renseignement des mollahs sur la liste du terrorisme

Message à la manifestation des Iraniens devant l'Union européenne à Bruxelles

15 juin 2019

01

Mes chers compatriotes,
Iraniens qui luttez sans répit pour la liberté de l'Iran,
Amis et soutiens de la Résistance,

Je vous salue, vous qui en ce moment représentez le cri d'une nation opprimée, une nation réprimée, une nation pillée, mais une nation insurgée.

Je salue également les personnalités, les amis et les soutiens de longue date de la Résistance du peuple iranien, et les défenseurs des droits humains venus de divers pays européens et arabes pour se tenir à vos côtés.

A l'approche du 20 juin, journée anniversaire de la résistance historique pour la liberté et la souveraineté du peuple face à la dictature absolue des mollahs, journée des martyrs et des prisonniers politiques et anniversaire de la fondation de l'ALNI, votre rassemblement d'aujourd'hui est une flamme d'espoir, incarnant l'honneur et la conscience nationale. C'est un drapeau vivant et plein de dignité qui symbolise la persévérance face à un régime cruel et extrémiste, et qui illustre un avenir glorieux vers lequel nous nous dirigeons.

La liberté ne vient pas toute seule, elle a besoin d'une longue file de femmes et d'hommes dévoués, dotés d'une grande détermination et ne visant aucun intérêt personnel, qui se battent et qui résistent pour elle.

Saluons les femmes et les hommes courageux qui dans les unités de résistance et dans les conseils populaires de la résistance forment cette file qui se déploie à travers tout l'Iran. Et c'est tout à votre honneur d'étendre cette file jusque dans le cœur de l'Europe devant le siège de l'Union européenne à Bruxelles.

Le peuple iranien veut le renversement du régime dans sa totalité

Chers compatriotes,

La dictature religieuse est assiégée par une population excédée et révoltée. La situation ressemble à celle de la fin du régime du chah. Les députés du parlement des mollahs, les uns après les autres, tirent la sonnette d'alarme et lancent des avertissements sur le sort qui attend ce régime.

> « La liberté ne vient pas toute seule, elle a besoin d'une longue file de femmes et d'hommes dévoués, dotés d'une grande détermination et ne visant aucun intérêt personnel, qui se battent et qui résistent pour elle. »

Ils prennent au mot le président du régime et le défient vertement de vivre et de se nourrir pendant un mois comme tout le monde juste pour voir s'il tiendra.

Hassan Rohani et ses ministres affirment que jamais en 40 ans, le régime n'a connu de situation aussi grave. Au sommet de la dictature, le turban blanc, Rohani, accuse le turban noir, Khamenei, de cette crise et lui demande davantage de pouvoirs. Le turban noir lui répond que la théocratie c'est aussi de préparer le terrain à un gouvernement monolithique et hezbollahi…

Nous demandons le jugement le plus rapidement possible du diplomate terroriste emprisonné en Belgique. C’est le droit des réfugiés iraniens de connaitre le détail des complots terroristes des mollahs à l’étranger et c’est nécessaire pour en empêcher la répétition.

Mais pour les Iraniens, il n'y a pas de différence entre le turban blanc et le turban noir. Ils demandent le renversement de ce régime dans sa totalité et c'est pour cela qu'ils crient dans les rues : « notre ennemi est ici-même. »

A présent, si quelqu'un réussit à changer l'attitude du fascisme, à condition de ne pas sacrifier les droits humains et la souveraineté du peuple iranien, nous nous en réjouissons vivement et nous lui disons de changer autant que possible l'attitude de ce régime.

Reconnaitre le droit des Iraniens à résister

Chers compatriotes,

La polarisation entre ceux qui soutiennent ce régime et ceux qui y sont opposés, devient de plus en plus significative au fur et à mesure qu'on approche de sa fin. Les milieux favorables aux mollahs et ceux qui ont des intérêts dans la survie de ce régime, sous prétexte de préoccupations d'une possible guerre, font la promotion des concessions à la dictature et de la complaisance avec les criminels au pouvoir en Iran.

Comme l'a dit Massoud Radjavi, dirigeant de la Résistance iranienne, les défenseurs de la théocratie viennent toujours agiter, aux moments clés, le danger de la guerre, « alors que le risque pour les Etats-Unis et la communauté internationale, c'est au contraire de ne pas se battre contre le régime des mollahs ».

FREE IRAN
FREE IRAN
UN IRAN LIBRE MARYAM RADJAVI
PLURALIST SYSTEM & POLICAL
مجاهدین خلق ایران

Et « sur la base d'une expérience de quatre décennies, le risque est toujours de céder et de ne pas écraser la tête du serpent. Sans cela, l'Iran ne se libérera pas, c'est-à-dire sans le renversement de ce régime, ce qui est du seul ressort du peuple iranien et de sa Résistance. Par conséquent, il faut reconnaitre le droit du peuple iranien à résister pour renverser ce régime. »

Pour se maintenir en place dans la crise fatale de sa chute, la tyrannie religieuse a recours à la diabolisation de la Résistance iranienne et des Moudjahidine du peuple, dans le but de les faire passer pour un danger et préparer le terrain à des attentats terroristes contre eux.

Nous appelons l'Union européenne à imposer des sanctions générales à la dictature religieuse en Iran et à mettre le Corps des pasdaran et le ministère du Renseignement des mollahs sur sa liste des organisations terroristes étrangères. Il faut juger les mercenaires de ce régime, les sanctionner et les expulser.

La diabolisation vise à faire croire qu'il n'y a pas de meilleure solution en dehors de ce régime, que le peuple iranien ne mérite que cette dictature et qu'il doit se contenter de ce régime, quoi qu'il en coûte.

#TeamJunckerEU
Europese
Commissie

UN IRAN
LIBRE
MARYAM
RADJAVI

Appel à l'Union européenne

Les complots terroristes des mollahs dans les pays européens et leurs attentats à la bombe en Albanie et en France, l'arrestation de leurs mercenaires et de leur diplomate terroriste Assadollah Assadi, ainsi que l'expulsion de quatre autres diplomates terroristes l'an dernier, viennent étayer les dénonciations récurrentes de la Résistance sur le fait que les ambassades des mollahs en Europe sont des centres de préparation et d'exécution de complots criminels.

Il faut traduire en justice les dirigeants de ce régime pour qu'ils répondent des crimes qu'ils ont commis contre le peuple iranien, surtout le massacre des prisonniers politiques.

Nous demandons le jugement le plus rapidement possible du diplomate terroriste emprisonné en Belgique. C'est le droit des réfugiés iraniens de connaitre le détail des complots terroristes des mollahs à l'étranger et c'est nécessaire pour en empêcher la répétition.

Nous appelons l'Union européenne à imposer des sanctions générales à la dictature religieuse en Iran et à mettre le Corps des pasdaran et le ministère du Renseignement des mollahs sur sa liste des organisations terroristes étrangères. Il faut juger les mercenaires de ce régime, les sanctionner et les expulser.

Il faut traduire en justice les dirigeants de ce régime pour qu'ils répondent des crimes qu'ils ont commis contre le peuple iranien, surtout le massacre des prisonniers politiques.

Ce régime ne tiendra pas face à la Résistance et au soulèvement du peuple iranien et face à la grande armée de la liberté. ”

La situation critique actuelle et l'affaiblissement croissant du régime des mollahs, exigent de chacun d'entre nous d'endosser de lourdes responsabilités.

Il ne fait aucun doute que ce régime ne tiendra pas face à la Résistance et au soulèvement du peuple iranien et face à la grande armée de la liberté.

Vive la liberté !

Maryam Radjavi: La nation iranienne entend vos cris et vos appels à la liberté.

Message à la manifestation des Iraniens à Washington

21 juin 2019

02

La vraie question posée aux politiques américaine et européenne face à la dictature religieuse en Iran

Chers concitoyens,
Iraniens épris de liberté,
Sympathisants et amis de la Résistance iranienne,

qui êtes venus de tous les coins des États-Unis pour vous rassembler aujourd'hui à Washington.

La nation iranienne entend vos cris et vos appels à la liberté.

Aujourd'hui, vous êtes la voix d'une nation opprimée à qui on a volé ses biens.

Je vous salue, ainsi que les représentants élus du peuple américain qui sont ici, et les personnalités, amis et partisans de longue date de la Résistance du peuple iranien pour la démocratie et les droits humains, venus vous soutenir aujourd'hui.

Je vous adresse mes félicitations à l'occasion de l'anniversaire de la Résistance iranienne, le 20 Juin, Journée des martyrs et des prisonniers politiques, et pour l'anniversaire de la fondation de l'Armée de libération nationale ; un mouvement qui, n'a cessé pendant quatre décennies de se développer dans tous les domaines, en se fiant à ses propres efforts, luttes et sacrifices.

La souveraineté populaire contre la tyrannie des mollahs

Depuis 40 ans, pour endiguer la colère de la population, les mollahs sanguinaires désignent les États-Unis comme étant l'ennemi. Mais nous n'avons pas été trompés. Massoud Radjavi l'a déclaré : « Quand nous avons lancé “A bas les réactionnaires ! “, nous l'avons défendu. Nous n'avons cessé et continuerons de déclarer que ce que nous voulons c'est le renversement du régime, encore son renversement et toujours son renversement. »

Aujourd'hui, le peuple iranien crie dans toutes les rues que « notre ennemi est ici-même, les mollahs mentent en disant que c'est l'Amérique ! »

Aujourd'hui, le peuple iranien crie dans toutes les rues que « notre ennemi est ici-même, les mollahs mentent en disant que c'est l'Amérique ! »

Oui, c'est un régime dont la Constitution a formellement remplacé la souveraineté populaire et le suffrage universel par le pouvoir des mollahs.

Les mollahs médiévaux disent aux combattants de liberté et à l'Armée de la Liberté de la Résistance : renoncez et capitulez, sinon vous êtes des infidèles et des mécréants qui faites la guerre à Dieu.

#FreeIran
#FreeIran
March in Solidarity with the Uprising
and the Iranian Resistance for Regime Cha

Vous êtes des agents de l'Arrogance mondiale. Vous êtes une secte et vous ne bénéficiez d'aucune base de soutien dans le peuple iranien.

Ne résistez pas, sinon vous êtes des terroristes. Sinon, vous allez être confrontés à un torrent de fausses allégations.

Oui, la campagne de diabolisation éhontée contre la Résistance iranienne dans les médias favorables à la complaisance avec les mollahs, vise à perpétuer le message que le peuple iranien est mieux loti avec ce régime théocratique, qu'il n'y a pas d'alternative, qu'il ne faut pas y penser, ni même en parler.

Ils tirent cette conclusion :

• Il faut contenter le fascisme religieux et il n'y a pas d'autre moyen.

• Si l'administration américaine ne pratique pas de complaisance avec la tyrannie des mollahs, elle est belliciste.

• Si les États-Unis bloque le régime iranien dans sa quête de la bombe atomique, ils sont bellicistes.

Les commentaires absurdes des mollahs et de leur ministre des Affaires étrangères au sujet de la soi-disant « équipe B » aux États-Unis n'étaient qu'une tentative pour dissimuler leur propre « équipe de la bombe » : de la fabrication d'une bombe atomique aux attentats à la bombe en Albanie et en France, en passant par les bombardements et les poses de mines contre les pétroliers dans le golfe Persique, jusqu'aux explosions, drones et attaques aux missiles contre l'Arabie saoudite et le ciblage de l'ambassade des États-Unis à Bagdad.

Quand les mollahs n'ont pas de comptes à rendre, ils se sentent encouragés et continuent : les tirs de Katioucha à Mossoul et Bassora et les tirs sur les drones américains sont des exemples qui en disent long.

> « Quelle est la véritable question qui se pose à nous, à notre peuple et notre résistance : se rendre ou se battre pour la liberté ? Regardez la Déclaration d'indépendance américaine. La question posée à George Washington, Thomas Jefferson, Benjamin Franklin et leurs camarades et partisans était la même. Notre réponse est la même : résister et se battre jusqu'à la victoire. »

Qui est en effet la partie belligérante ? Qui a lancé des tirs consécutifs de roquettes et de missiles sur les camps d'Achraf et de Liberty ?

Avant la désignation terroriste des gardiens de la révolution (CGRI) et les sanctions, et avant que les États-Unis ne se retirent de l'accord nucléaire, les mollahs clamaient sans scrupule que la Syrie était la 35e province de l'Iran. Ils n'hésitaient pas à dire que l'Irak était leur « centre et capitale » et même que « sa géographie est inséparable de celle de l'Iran».

Un jour, l'actuel commandant en chef du Corps des gardiens de la révolution l'a expliqué clairement : « la géographie de notre révolution s'est étendue jusqu'en Afrique du nord. » Il a ensuite mis en garde en disant que « ce sont les flammes de la Révolution islamique qui ont éclaté » en 1983 au Liban, «où l'initiative courageuse d'un jeune musulman a enterré 260 marines américains sous les décombres à Beyrouth, à l'est de la mer Méditerranée ».

Oui, le peuple iranien victime des inondations, de la misère et de diverses calamités, crie : « Laissez tomber la Syrie et pensez à nous ! » Mais l'ingérence et les crimes du régime en Irak, en Syrie, au Yémen, au Liban et en Afghanistan n'ont eu pour lui jusqu'à présent aucune conséquence grave.

Complaisance ou fermeté ?

En effet, quelle est la véritable question au cœur de la politique américaine et européenne vis-à-vis du fascisme religieux au pouvoir en Iran : la complaisance ou la fermeté ?

Plus nous approchons de la fin de ce régime, plus la contradiction et la polarisation entre le régime et les opposants au régime deviennent plus évidentes.

Après 40 années durant lesquelles ce régime a mené des guerres sans répit contre le peuple iranien et le reste du monde, ses apologistes et ceux qui en bénéficient feignent de s'inquiéter d'une guerre. Ils en font un prétexte pour décourager le monde d'adopter la moindre forme de fermeté et, à la place, appellent à la complaisance avec les criminels au pouvoir en Iran.

Les principales victimes, cependant, sont les Iraniens. L'expérience de ces quarante années a prouvé que la théocratie des mollahs est incapable de toute réforme ou changement de comportement. Comme le dit si bien un proverbe persan, « une vipère n'accouche pas d'une colombe ».

Khamenei a dit que tout changement dans le comportement du régime est synonyme d'un changement de régime.

Aussi, quelle est la véritable question qui se pose à nous, à notre peuple et notre résistance : se rendre ou se battre pour la liberté ?

Regardez la Déclaration d'indépendance américaine. La question posée à George Washington, Thomas Jefferson, Benjamin Franklin et leurs camarades et partisans était la même. Notre réponse est la même : résister et se battre jusqu'à la victoire.

Le peuple iranien aspire à la liberté et aux droits de l'homme.

Il faut saluer les femmes et les hommes courageux qui forment les rangs dans leur quête de la liberté sous la forme d'unités de résistance et de conseils de résistance populaires, et il faut vous saluer à vous qui avez étendu ces rangs jusqu'à la capitale des Etats-Unis.

Il y a trois mois, pour la première fois en 70 ans, le Président des États-Unis, dans son message de Norouz, le Nouvel An persan, au peuple iranien, en témoignait :

« Le peuple iranien souhaite reconquérir sa fière histoire, sa culture expressive et la place qui lui revient sur la scène internationale. Il mérite un gouvernement qui lui rende des comptes et qui le traite avec dignité et respect. »

Et il a souligné : « Nous nous engageons à ne jamais faire la sourde oreille aux appels du peuple iranien en faveur de la liberté, et nous n'oublierons jamais sa lutte constante pour les droits humains. »

Oui, nous ne voulons rien de plus que la liberté et les droits humains qui, bien entendu, nous ouvriront également la voie au développement et à la justice. Cela entraînera la paix et la sécurité en Iran et au Moyen-Orient. Un Iran libéré du fascisme religieux, un Iran non nucléaire et un Iran sans terrorisme ni belligérance.

La liberté l'emportera sur le chah et les mollahs

Comme l'a dit Massoud Radjavi, cela « offrira la paix, la sécurité, la démocratie, les droits humains, la stabilité, la reconstruction, l'amitié et un Iran non nucléaire désireux de coopération économique et de développement à cette partie du monde, et un pays qui respectera toutes les lois et conventions internationales ».

La campagne de diabolisation éhontée contre la Résistance iranienne dans les médias favorables à la complaisance avec les mollahs, vise à perpétuer le message que le peuple iranien est mieux loti avec ce régime théocratique, qu'il n'y a pas d'alternative, qu'il ne faut pas y penser, ni même en parler. ❞

C'est pourquoi les mollahs craignent plus que tout un changement opéré par le peuple iranien, sa Résistance et les Moudjahidine du peuple d'Iran (OMPI/MEK).

Dès lors, il devient clair que la dictature religieuse n'est qu'un tigre de papier dans la lutte contre la Résistance iranienne. Et son sort ne sera pas différent de celui de la dictature du chah. C'est le verdict de l'histoire et le désir ardent du peuple iranien.

Oui, la liberté l'emportera sur le chah et les mollahs.

Mes chers concitoyens,

Chers amis qui avez défié la tyrannie et le fascisme religieux,

Le régime s'affaiblit de jour en jour, se rapprochant à chaque fois de sa chute. Par conséquent, nous portons tous des responsabilités plus lourdes. C'est le moment pour nous d'être en état d'alerte.

Il est certain que la dictature chancelante des mollahs ne pourra pas tenir devant la résistance et les soulèvements de notre nation, ni devant sa grande Armée de la liberté.

Vive la liberté !

Maryam Radjavi: Appel aux pays à se joindre au front international contre le fascisme religieux

Message à la manifestation des Iraniens à Berlin

6 juillet 2019

03

Arrêtez la politique de concessions à la dictature religieuse

Honorable dignitaires,

Compatriotes iraniens qui vous êtes dressés pour la liberté en Iran,

Partisans et sympathisants de la Résistance iranienne de toute l'Allemagne rassemblés à Berlin,

Je vous salue, vous qui êtes venus aujourd'hui « pour faire entendre partout la voix », comme l'a dit Massoud Radjavi, « du peuple d'Iran et de l'Armée de la liberté ».

Votre présence ici, dans cette troisième manifestation qui fait suite aux grands rassemblements de nos amis et compatriotes à Bruxelles et à Washington, envoie un message clair. Vous adressant à la nation, aux insurgés, aux travailleurs, aux enseignants et au reste de la population qui en ont assez du régime, vous leur dites d'aller de l'avant le plus rapidement possible parce que les mollahs sont piégés dans leur propre chute.

Dans cette grande manifestation, vous et le peuple iranien envoyez au monde et en particulier à l'Europe le message suivant : mettez fin à la politique de concessions à la dictature religieuse !

La politique visant à protéger les mollahs contre leur renversement et celle consistant à nourrir ces fauves en turban n'ont résolu aucun des problèmes de ce régime.

40 ans de poursuite du mirage de la réforme et du mythe de la modération au sein de ce régime clérical ne suffisent-ils pas ?

A quoi ont abouti trente années de dialogue constructif, de dialogue critique et de dialogue sur toutes sortes d'avantages ?

N'avez-vous pas vu comment les soulèvements et le mouvement de protestation en Iran ont poussé le régime dans sa phase terminale ?

L'espionnage et les opérations terroristes des mollahs en Europe et sur le sol allemand n'ont-ils pas sonné le glas du changement politique ?

La belligérance du régime, les attaques aux missiles, les attaques récentes contre les pétroliers et la destruction du drone américain ne suffisent-ils pas pour envisager de réviser de cette politique ?

Pour l'Europe, Rohani a été l'espoir central de la modération au sein du régime. Maintenant, il se vante d'embrasser les mains des gardiens de la révolution pour leurs attaques aux missiles. Est-ce que cela ne balaye pas l'excuse la plus importante pour s'entendre avec le fascisme religieux?

Quarante ans ne suffisent-ils pas pour abandonner le mirage de la réforme et le mythe de la modération dans le régime clérical?

Tout le monde se souvient qu'il y a dix ans, lorsque l'ancien président du régime a hurlé que l'Holocauste n'était pas vrai, le chancelier allemand avait réagi en disant : « En 1933 aussi, on jugeait les slogans nazis comme insignifiants. Mais l'Allemagne a tiré les leçons de son histoire et se trouve obligée de faire face à ce qui se prépare. »

Permettez-moi de poser une question : l'histoire de l'Allemagne et des autres nations européennes n'a-t-elle pas enseigné au monde quel prix lourd et sanglant l'humanité a dû payer pour avoir pratiqué la complaisance avec le fascisme ?

« L'histoire de l'Allemagne et des autres nations européennes n'a-t-elle pas enseigné au monde quel prix lourd et sanglant l'humanité a dû payer pour avoir pratiqué la complaisance avec le fascisme ? »

Il y a exactement un an, l'Allemagne a arrêté un soi-disant diplomate du régime qui avait personnellement remis des explosifs à deux terroristes en vue de les utiliser contre le grand rassemblement de la Résistance à Villepinte près de Paris.

Avant et après cela, la police allemande a arrêté sur une durée de trois ans une dizaine de mercenaires et de terroristes en relation avec la force terroriste Qods et le ministère du Renseignement des mollahs. Certains ont été jugés et emprisonnés par le pouvoir judiciaire allemand. La question est de savoir pourquoi des incidents aussi importants n'ont entraîné aucun changement dans la politique allemande à l'égard du régime iranien.

Les mollahs parlent tous les jours sans vergogne de recourir à l'enrichissement d'uranium et de préparer une bombe atomique.

Salehi, qui dirige l'Organisation de l'énergie atomique du régime, a admis que le régime avait trompé les pays européens à propos du site nucléaire d'Arak.

En fait, si les mollahs n'étaient pas aussi confiants dans leurs relations avec l'Europe, comment pourraient-ils être aussi arrogants ? Cela va de l'expansion de leur programme de missiles balistiques en violation de la résolution 2231 du CSNU à l'envoi de forces en Syrie en violation de la résolution 2254 du CSNU jusqu'à l'intensification de leur guerre criminelle dans ce pays.

Le fascisme religieux en Iran est en effet la plus grande menace pour la paix dans le monde aujourd'hui.

Le régime des mollahs a déclaré la guerre aux peuples d'Iran et de la région au cours des 40 dernières années. Ainsi, toute concession accordée sous quelque prétexte que ce soit n'a qu'un seul résultat: augmenter la probabilité pour les mollahs de lancer une guerre désastreuse.

Chaque euro de commerce avec les mollahs équivaut à un euro de carburant pour la machine de Khamenei pour réprimer le peuple iranien et faire la guerre au Moyen-Orient. Parler de paix dans la région est un slogan creux si cela ne s'accompagne pas de sanctions contre Khamenei et les gardiens de la révolution.

Mais laissez-moi souligner ceci : le changement de régime est la tâche du peuple iranien et de sa Résistance. C'est le travail de l'Armée de la liberté et de personne d'autre.

Comme Massoud Radjavi l'a déclaré à la jeunesse qui manifeste en Iran : le peuple iranien aura le dernier mot par l'intermédiaire de ses unités de résistance et de l'Armée de la liberté.

edom, Human Rights & Justice in IRAN

IRAN with Maryam

N'aidez pas les mollahs à se maintenir au pouvoir

Ce que nous avons demandé instamment, c'est que les gouvernements occidentaux n'aident pas les mollahs à rester au pouvoir. La désignation terroriste de l'OMPI/MEK et la répression des Moudjahidine du peuple et de la Résistance iranienne dans les pays européens n'ont-elles pas été le fait d'un accord honteux avec les mollahs et la meilleure assistance qui leur a été fournie ?

Et que dire d'avoir exclu de l'accord nucléaire les violations des droits humains en Iran ? Qu'en est-il de laisser la voie ouverte à l'expansion des installations nucléaires du régime dont une partie de l'équipement et de la technologie a été achetée sur vos marchés ?

Qu'en est-il de la vente d'instruments de répression, d'écoute clandestine et d'espionnage au sinistre ministère du Renseignement et au Corps des gardiens de la révolution ? Et que dire de laisser libre cours à la diabolisation du régime et à la publication de volumes de fake news contre les Moudjahidine du peuple dans les médias favorables à la complaisance avec ce régime?

Oui, tout cela aide les mollahs.

IRAN

Stop Mullahs' regime Terrorism in Europe & Prosecute Its Agents
تروریسم رژیم آخوندی در اروپا را متوقف و ماموران آنها را محاکمه کنید
Stoppt den Mullah-Terror in Europa & klagt seine Agenten an

مسعود
رهبر
ماست
مزدوران
اخراج کنید

Pourquoi l'ambassade d'Iran n'est-elle pas fermée ?

Le Département de la protection de la Constitution de l'Allemagne reconnaît chaque année, y compris il y a quelques jours, que l'ambassade du régime iranien fait de l'espionnage contre les opposants, en particulier contre les Moudjahidine du peuple et le Conseil national de la Résistance. Alors, pourquoi cette ambassade n'a-t-elle pas été fermée ?

Le pouvoir judiciaire allemand a décidé que le guide suprême des mollahs, le président du régime, le ministre des Affaires étrangères et le ministère du Renseignement avaient ordonné les assassinats terroristes au restaurant Mykonos à Berlin. Alors, pourquoi Khamenei n'est-il pas sur la liste terroriste de l'Allemagne et de l'Europe, et pourquoi n'a-t-il pas été sanctionné ?

Le gouvernement allemand a confirmé officiellement que le régime iranien avait joué un rôle dans les attaques contre les pétroliers et a souligné son rôle destructeur dans la région. Alors, pourquoi l'Allemagne et l'Union européenne n'ont-elles pas déclaré le Corps des gardiens de la révolution entité terroriste ?

J'aimerais réitérer qu'il faut appliquer le jugement, le châtiment et l'expulsion des mercenaires du ministère du Renseignement et du Corps des gardiens de la révolution des mollahs, ainsi que la déclaration de l'UE du 29 avril 1997.

La déclaration, qui a été publiée en même temps que l'arrêt de la Cour dans l'affaire du restaurant Mykonos, souligne que les relations de l'UE avec le régime iranien ont été subordonnées au respect par les autorités du régime des normes du droit international et à leur abandon des activités terroristes.

Elle a également appelé à refuser de délivrer des visas aux agents des services de renseignement et de sécurité du régime iranien et à se concentrer sur l'expulsion des États membres de l'UE des agents de renseignement du régime.

Il est impératif et urgent pour les Iraniens et leur sécurité que les articles de la déclaration du 29 avril 1997 soient mis en œuvre.

En ce qui concerne les droits humains, permettez-moi de demander, en particulier à Mme Merkel, de prendre la tête d'une initiative spéciale au niveau européen contre les violations des droits humains commises par le régime des mollahs afin de mettre fin notamment aux persécutions, exécutions et meurtres de prisonniers sous la torture, et de former une délégation internationale pour visiter les prisons et les prisonniers politiques en Iran.

Appel à la communauté internationale

Au nom de la Résistance du peuple iranien, je tiens à le répéter :

- La communauté internationale et en particulier l'Union européenne doivent reconnaître le droit du peuple iranien à résister pour renverser le régime des mollahs et instaurer un gouvernement démocratique et la souveraineté populaire.
- Le dossier des violations des droits humains et du massacre des prisonniers politiques en Iran doit être renvoyé devant le Conseil de sécurité des Nations unies.
- Le Conseil de sécurité des Nations unies doit déclarer que

le régime des mollahs en Iran constitue une menace pour la paix et la sécurité mondiales.

- Nous appelons également tous les pays à se joindre au front international contre le fascisme religieux.

Enfin, je voudrais exprimer ma plus vive gratitude aux dignitaires et aux parlementaires allemands, en particulier

La communauté internationale et en particulier l'Union européenne doivent reconnaître le droit du peuple iranien à résister pour renverser le régime des mollahs et instaurer un gouvernement démocratique et la souveraineté populaire.

aux membres du Comité allemand pour la solidarité avec un Iran libre. Le soutien et l'aide de ces femmes et ces hommes honorables ont marqué d'une page d'or, l'histoire des relations entre l'Allemagne et l'Iran.

Je voudrais me souvenir de notre chère Ingrid Holzhüter qui a soutenu les Moudjahidine du peuple et les habitants d'Achraf jusqu'à son dernier jour.

Je voudrais me souvenir de Gaok, le camarade allemand de Mirza Kouchik-Khan, qui lui est resté fidèle jusqu'au dernier moment et qui est mort avec lui, devenant ainsi le symbole historique de l'amitié entre nos deux nations.

Oui, avec une nation déterminée à renverser le régime des mollahs, avec votre passion et votre amour de la liberté, avec la détermination des unités de résistance et avec la bataille menée par l'Armée de la liberté,

l'Iran sera libre ! L'Iran sera libre !

Time for a FREE IRAN with Maryam RAJAVI

IRAN
with
Maryam
STOP
Executions
in
IRAN

Maryam Rajavi: Les pays nordiques doivent reconnaitre le droit du peuple iranien à résister pour renverser le régime des mollahs

Message à la manifestation des Iraniens à Stockholm

20 juillet 2019

04

Nous saluons Mossadeq et les martyrs du soulèvement du 21 juillet 1952

Mes chers compatriotes, amis de la Résistance iranienne,

Vous êtes la voix des unités de résistance et de l'Armée de la liberté dans le monde entier,

Chers compatriotes iraniens qui vous êtes levés pour libérer votre peuple de la répression, de la misère et de l'injustice, je vous adresse à tous mes salutations.

Je suis vraiment reconnaissante aux parlementaires et aux défenseurs des droits humains et des droits des femmes qui se sont joints à vous pour la liberté et la démocratie en Iran et pour un Iran libre.

Plus personne ne peut se focaliser pendant 8 ans sur la modération de Rafsanjani, 8 ans sur les réformes de Khatami et 8 ans sur la modération de Rohani qui a déclaré à plusieurs reprises qu'il embrassait les mains de Khamenei et de ses gardiens de la révolution.

Chers concitoyens,

Demain, le 21 juillet marquera le 67e anniversaire du soulèvement national en Iran où les gens scandaient : « nous donnerons notre vie pour ramener Mossadeq ». Il incarnait la souveraineté du peuple iranien face à la dictature monarchique et aux mollahs réactionnaires.

C'est aussi le 38e anniversaire de la fondation du Conseil national de la Résistance iranienne, annoncé par Massoud Radjavi le 21 juillet 1981 à Téhéran. En effet, Massoud a sauvegardé le nom et la mémoire de Mossadeq dans l'histoire contemporaine de l'Iran. Il a suivi et amélioré son chemin depuis les salles où il était torturé, pendant son procès et jusqu'à ce jour.

Gunnar Sønsteby, résistant et héros de guerre de Norvège, nous disait : « Pour atteindre la démocratie et la liberté, il faut toujours se battre, sans cesse. » Il avait l'habitude de dire : « Je sais que quand quelqu'un se bat pour la liberté, on l'appelle terroriste. Comme les fascistes allemands nous appelaient, moi et mes amis, terroristes. Ils nous pourchassaient et voulaient nous exécuter. »

Cela a été particulièrement précieux à une époque où Khomeiny exprimait sa gratitude pour ce qu'il qualifiait de « gifle à Mossadeq » donné par les mollahs réactionnaires et les colonialistes. Khomeiny a ouvertement annoncé qu'il ne pouvait tolérer les réunions tenues en l'honneur de Mossadeq, expliquant que « si quelqu'un a nationalisé le pétrole, ce n'est pas une raison pour que les gens mettent l'islam de côté pour le défendre ».

Mais quel était le message de Mossadeq ?

> **I specifically urge the governments of Sweden, Norway, Denmark and Finland to pressure the Iranian regime to open its prisons to visits by an international fact-finding mission.**
>
> **Maryam Rajavi**

Au sujet du despotisme de Reza Khan et de son coup d’État, Mossadeq avait déclaré : « est-il possible de faire une révolution et de conduire le peuple dans la bonne direction avec l’aide d’une brigade kazakhe recevant des ordres de l’étranger ? Quelqu’un peut-il devenir un révolutionnaire ou revendiquer des réformes en publiant une déclaration creuse ? Quelle personne sensée serait trompée par ce genre de discours ? » Ailleurs, il avait ajouté : « ne livrez pas les porte-drapeaux de la liberté aux bourreaux qui servent le fondamentalisme réactionnaire. » Saluons la mémoire de Mossadeq, des martyrs du soulèvement du 21 juillet 1952 et de leurs successeurs jusqu'à ce jour.

C'est un chemin qui sera pavé dans la résistance pour la liberté jusqu'à la victoire finale et l'instauration d'un Iran libre, une perspective plus brillante de jour en jour.

Le mythe de la modération de ce régime, ne trompe plus personne

En faisant preuve d'une détermination et d'une résolution remarquables, et avec l'ampleur et le dynamisme de ce mouvement qui étend les unités de résistance à travers les villes d'Iran jusqu'aux grands rassemblements dans divers pays du monde, vous avez démontré la ferme volonté de la nation iranienne de renverser la dictature des mollahs.

Le temps est venu de mettre fin à la complaisance avec le fascisme religieux en Iran. Il n'y a plus d'excuses pour ignorer l'ennemi du peuple iranien. Plus personne ne peut prétendre que le régime n'a pas d'alternative et que ce régime est meilleur pour le peuple iranien.

Plus personne ne peut se focaliser pendant 8 ans sur la modération de Rafsanjani, 8 ans sur les réformes de Khatami et 8 ans sur la modération de Rohani qui a déclaré à plusieurs reprises qu'il embrassait les mains de Khamenei et de ses gardiens de la révolution.

Ensuite, vous vous réveillerez trop tard et vous constaterez que le régime clérical n’est plus qu’à un an de la bombe atomique, qu’il a gagné des bastions en Irak, en Syrie et au Yémen et qu’il possède un programme de missiles qu’il dit non-négociable.

En effet, le régime des mollahs a-t-il laissé place à l’espoir de rendre le moindre compte en matière de droits de l’homme, de liberté d’expression, de justice, d’égalité entre les genres, de droits et d’autonomie des minorités ethniques et religieuses ?

Le mythe de la modération de ce régime, l’illusion d’éventuelles réformes et le dialogue constructif et critique avec lui ne trompent plus personne. La Résistance iranienne a payé le prix le plus lourd pour prouver que ces allégations sont simplement vides.

Il faut toujours se battre encore et encore

Les inscriptions injustes de l’OMPI et de la Résistance iranienne sur les listes terroristes n’ont plus d’impact. Le sang grondant des martyrs, la ténacité et les soulèvements du peuple iranien ont poussé la dictature religieuse au bout du chemin. Cela a provoqué une défaite honteuse de la politique de complaisance avec le pouvoir maléfique des mollahs.

Face au fascisme religieux en Iran, les consciences éveillées de toute l’Europe et de Scandinavie ont toujours rappelé l’amère expérience de la complaisance avec les envahisseurs nazis.

SLUTA
blidka
Free Iran

Je voudrais ici saluer Gunnar Sønsteby, résistant et héros de guerre de Norvège. Il avait soutenu les Moudjahidine d'Achraf et qualifié les hommes et les femmes déterminés et inébranlables d'Achraf, d'exemples vivants d'une résistance épique.

Il nous disait : « pour atteindre la démocratie et la liberté, il faut toujours se battre sans cesse. » Il avait l'habitude de dire : «je sais que quand quelqu'un se bat pour la liberté, on l'appelle terroriste. Comme les fascistes allemands nous appelaient, moi et mes amis, terroristes. Ils nous pourchassaient et voulaient nous exécuter. » Ainsi, nous avons gardé à l'esprit le brillant conseil de Gunnar selon lequel « il faut toujours se battre, encore et encore ».

Le peuple iranien attend de l'Europe, qui a énormément souffert au cours du siècle dernier sous le nazisme d'Hitler, qu'elle comprenne et ressente la souffrance du peuple iranien aujourd'hui. L'Europe devrait se ranger du côté des aspirations de la nation iranienne.

Nous ne devons pas laisser la dignité de la résistance pour la liberté, qui a forgé des héros comme Gunnar, être ternie par des intérêts commerciaux.

L'Europe devrait se ranger du côté de la nation iranienne

Le peuple iranien attend de l'Europe, qui a énormément souffert au cours du siècle dernier sous le nazisme d'Hitler, qu'elle comprenne et ressente la souffrance du peuple iranien aujourd'hui. L'Europe devrait se ranger du côté des aspirations de la nation iranienne.

Maintenant que la Finlande est présidente de l'Union européenne, elle doit concentrer les sanctions de l'UE sur les principaux leviers du régime contre la liberté et contre le terrorisme et la répression, à savoir le bureau de Khamenei, le Corps des gardiens de la révolution (pasdaran) et le ministère du Renseignement et de la sécurité (Vevak). Les agents du régime doivent être jugés, punis et expulsés.

J'appelle particulièrement les gouvernements de Suède, de Norvège, du Danemark et de Finlande à faire pression sur le régime iranien pour qu'il ouvre ses prisons aux visites d'une mission d'enquête internationale.

Les pays nordiques, toute l'Europe et le monde entier doivent reconnaître le droit du peuple iranien à résister pour renverser le régime des mollahs et instaurer la démocratie et la souveraineté populaire.

Oui, la liberté l'emportera. L'Iran sera libre.

Avec votre soutien, un Iran libre est en marche.

Maryam Rajavi: Nous appelons la Grande-Bretagne et l'Europe à se tenir aux côtés du peuple iranien pour un changement de régime

Message à la manifestation de Londres

27 juillet 2019

05

Un changement de régime, encore et toujours

Votre manifestation d'aujourd'hui à Londres est le point culminant de la série de rassemblements pour un Iran libre qui ont eu lieu en un mois et demi à Bruxelles, Washington, Berlin et Stockholm. C'est aussi le prolongement du rassemblement annuel de la Résistance iranienne, il y a deux semaines, à Acharf-3, qui s'est étalé sur cinq jours.

Le régime clérical vient de déclencher un nouveau barrage de fausses nouvelles, de fake news, contre la Résistance iranienne par le biais d'un faux compte Twitter travesti en celui d'un Consul général de France. Le ministère français des Affaires étrangères a publié un démenti officiel de cette information, et Twitter a fermé le faux compte du régime.

Le régime des mollahs a répété à maintes reprises qu'il n'avait aucune ligne rouge, ni pour lui ni même pour Khamenei. Il tolère n'importe quoi contre lui. Cependant, comme ce fut le cas lors du massacre des prisonniers politiques en 1988, le nom le plus interdit et la ligne rouge est l'OMPI.

C'est l'identité et la voie qui terrifient la dictature religieuse, même à l'intérieur des prisons et des chambres de torture. Khomeiny avait publié une fatwa ordonnant le massacre de tous ceux qui étaient restés fidèles au nom et aux idéaux de l'OMPI. Mais les victimes ont crié le nom de Massoud Radjavi même sur la potence.

Hossein Ali Montazeri, à l'époque dauphin de Khomeiny, avait déclaré que l'on ne pouvait pas éliminer l'OMPI en la tuant et que cela la ferait au contraire se propager davantage.

Aujourd'hui, nous voyons que l'OMPI se développe en Iran

avec l'expansion des unités de résistance et des 1000 Achrafs, mille foyers de résistance.

Le message du peuple iranien et des partisans d'Achraf est le même partout : la liberté et un Iran libre. Les mollahs doivent partir. Un changement de régime et encore un changement de régime... Nous ne nous lasserons pas de le répéter et d'insister là-dessus. Nous le crierons et le répéterons encore et encore, jusqu'à ce qu'il se réalise. Et cela se fera certainement, avec votre soutien.

Pourquoi ? Comme l'a dit Massoud Radjavi, en raison de la fidélité à nos promesses et des sacrifices sans fin dans l'histoire de l'Iran.Un regard sur la liste des victimes des exécutions, en particulier la liste des victimes du massacre de 1988, met en avant la véracité de cette affirmation.

Notre peuple, notre Résistance et les Moudjahidine d'Achraf ont prouvé qu'ils sont prêts à payer le prix de la liberté. Observons les événements d'il y a des années, d'aujourd'hui et des jours à venir, et au prix payé pour chacun d'entre eux.

L'attaque contre le camp d'Achraf les 28 et 29 juillet 2009, en même temps que les soulèvements en Iran, où 13 Achrafiens ont été tués et plus de 500 autres blessés.

Et l'épopée de la grande opération patriotique « Lumière éternelle » en 1988. Saluons et rendons hommage aux martyrs, aux héros et héroïnes et aux combattants de la liberté de l'Armée de libération nationale iranienne.

La paix et la liberté ne peuvent être gagnées qu'en combattant la dictature des mollahs

Quand l'Iran brûlait dans le feu de la guerre antipatriotique de Khomeiny, l'armée de la paix et de la liberté s'est levée et a versé la coupe de poison du cessez-le-feu dans la gorge de Khomeiny. Le prix en a été quelque 2 000 martyrs parmi les enfants les plus vaillants de l'Iran qui ont donné leur vie dans les batailles de l'armée de libération. C'est quelque chose dont nous sommes fiers.

De même, les révélations incessantes de la Résistance iranienne sur le programme nucléaire des mollahs pour fabriquer une bombe atomique et l'opposition à leur belligérance dans la région.

Notre Résistance a prouvé que la paix et la liberté ne peuvent être gagnées que par la lutte contre la dictature religieuse des mollahs. Cela est diamétralement opposé aux partisans de la complaisance qui défendent le régime sous le couvert de la paix.

Récemment, les mollahs ont salué la publication d'un livre de Jack Straw, un partisan de la politique de complaisance. Il a fait de la fermeté contre le fascisme religieux des mollahs, un prélude à une véritable guerre. Il est facile de deviner que si nous étions à l'époque d'Hitler, jusqu'où il irait, comme le disait Winston Churchill, pour nourrir le crocodile.

Ce n'est pas un hasard s'il a été l'un des parrains de l'inscription sur la liste terroriste de l'OMPI ainsi que de son bombardement et de son massacre en 2003.

Khatami et Kharrazi ont dit qu'il avait déclaré acceptable d'exiger l'extradition des membres de l'OMPI et la pendaison d'au moins 20 de leurs dirigeants. Selon le Daily Telegraph, pour s'attirer les faveurs des mollahs, il avait la liste des 12 imams chiites dans sa poche lors de sa visite à Téhéran. Et quand le nom du Prophète de l'islam était mentionné n'importe où, il lui envoyait les salutations musulmanes.

Les appels creux à la paix de ces messieurs reviennent à protéger le régime contre la volonté du peuple iranien et contre les droits humains. De véritables appels à la paix, cependant, ne peuvent aboutir que grâce à la paix et aux droits humains. La condition préalable est le renversement du monstre de la guerre et de l'oppression, c'est-à-dire de la dictature religieuse du guide suprême.

La politique de laisser une marge de manœuvre aux mollahs est désastreuse et continuera de l'être

Franchement, est-ce que les attaques des mollahs et des pasdarans contre le transport maritime dans le Golfe persique mettant en péril la sécurité régionale et internationale, sont liées de quelque façon que ce soit à la politique de complaisance, à la répression de l'OMPI et à l'oubli des violations des droits humains en Iran dans l'accord nucléaire ?

همبستگی با مقاومت ایران و قیام مردم
Solidarity with the Iranian Resistance & Iran Uprisin

Les concessions faites aux mollahs en puisant dans la poche du peuple iranien et de sa Résistance n'ont-elles pas davantage encouragé les mollahs ?

Comment la proscription de l'OMPI, le désarmement de l'Armée de libération nationale iranienne et les bombardements de ses camps à l'époque, avec l'aide du Royaume-Uni, ont-ils modifié le rapport de force sur le terrain et dans l'intérêt de qui ? Cela a-t-il bénéficié à la paix et à la sécurité ou au contraire cela a-t-il agi contre elles ? En effet, le régime clérical a-t-il renoncé à prendre en otage des ressortissants européens et américains ?

Pourquoi le régime a-t-il augmenté le niveau d'enrichissement de l'uranium et pourquoi a-t-il augmenté la portée de ses missiles balistiques ?

Quel régime profite, et dans quel but, de la diabolisation de l'OMPI et de la Résistance iranienne ?

Qu'est-il donc arrivé aux mollahs modérés et réformés que vous avez encouragés et défendus pendant quatre décennies ? Qu'est-il advenu de tant de propagande et d'investissements sur des charlatans comme Mohammad Khatami ? Le peuple iranien n'a-t-il pas mis fin à la politique théâtrale des fondamentalistes contre les réformistes par ses soulèvements ?

Pourquoi certaines personnes en Grande-Bretagne continuent-elles à relayer les fausses informations et la propagande du fascisme religieux en Iran ?

N'est-il pas honteux de laisser le mollah Khatami prétendre effrontément dans le Guardian qu'il a passé toute sa vie sur le dialogue entre les nations et les civilisations, et sur la paix, la démocratie et les droits humains ? Cet imposteur avait ordonné à la presse iranienne de ne pas mentionner un seul mot sur le massacre des prisonniers politiques.

Il avait également donné carte blanche aux pasdarans de faire ce qu'il voulait aux étudiants impliqués dans le soulèvement de 1999 et leur avait conseillé d'être habillés en civil.

Khatami, qui prétend promouvoir la civilisation, la culture et la paix, est celui qui a soutenu avec zèle l'exportation de l'intégrisme des mollahs. Il a été le ministre de la Propagande de Khomeiny pendant la guerre de huit ans où, selon le ministre de l'Education du régime, 450 000 lycéens ont été envoyés sur les champs de mines.

Honte aux mollahs inhumains et à leurs partisans ! Ils sont en guerre contre le peuple iranien, mais ils appellent avec insolence à une coalition de paix, bien entendu pour préserver le régime.

Il y a six mois, M. Tony Blair écrivait dans le Washington Post : « L'espoir que cela conduirait le régime de Téhéran à modérer son comportement s'est révélé déplacé. » Il a écrit que le régime avait intensifié sa politique néfaste dans la région, en Syrie, au Liban, en Irak, au Yémen, dans le Golfe persique et dans les territoires palestiniens.

Et de conclure que 40 années de déception devraient rendre lucides, car le régime est devenu « la plus grande force déstabilisatrice du Moyen-Orient ».

Oui, la politique consistant à laisser une marge de manœuvre aux mollahs a été et continue d'être totalement décevante et désastreuse, et continuera de l'être. Cette politique n'est pas seulement dirigée contre le peuple iranien, mais aussi contre la paix et la sécurité régionales et mondiales.

L'ère du fascisme religieux touche à sa fin

La Résistance iranienne a payé le prix le plus lourd et a toujours répété que les mollahs ne comprennent pas d'autre langue que celle de la force et de la fermeté.

Nous appelons la Grande-Bretagne, l'Europe et tous les gouvernements à cesser les concessions aux mollahs. Ne les aidez pas à réduire les sanctions. Tenez-leur tête ! Inscrivez le Corps des gardiens de la révolution (pasdarans) et la Gestapo des mollahs (Vevak), le bureau de Khamenei et Hassan Rohani sur la liste du terrorisme.

> « Le peuple iranien attend de l'Europe, qui a énormément souffert au cours du siècle dernier sous le nazisme d'Hitler, qu'elle comprenne et ressente la souffrance du peuple iranien aujourd'hui. L'Europe devrait se ranger du côté des aspirations de la nation iranienne. »

Nous vous exhortons à renoncer à la politique visant à négliger la principale force de la société et de l'histoire de l'Iran. Au lieu d'être complices et de serrer la main des fascistes religieux, tenez-vous aux côtés du peuple iranien pour un changement de régime.

Puis, comme l'a écrit Tony Blair, « nous serons étonnés de voir comment le défi de l'extrémisme au Moyen-Orient et au-delà s'atténuera ».

J'appelle spécifiquement le nouveau gouvernement britannique à soutenir les droits humains, à savoir les droits humains bafoués du peuple iranien. Je l'appelle à prendre des mesures pour envoyer une mission d'enquête internationale en Iran afin de visiter les prisons du régime et les prisonniers politiques, en particulier les femmes.

La baronne Boothroyd, ancienne présidente de la Chambre des Communes, a dit un jour que le massacre des prisonniers politiques en Iran, qui a eu lieu après que Khomeiny ait été forcé d'accepter le cessez-le-feu dans la guerre Iran-Irak, a été le plus grand crime contre l'humanité depuis la Deuxième Guerre mondiale. Elle a dit que personne n'avait encore été tenu responsable de ce crime, mais que le jour viendra où la vérité sera rétablie.

Notre Résistance a prouvé que la paix et la liberté ne peuvent être gagnées que par la lutte contre la dictature religieuse des mollahs. Cela est diamétralement opposé aux partisans de la complaisance qui défendent le régime sous le couvert de la paix. ❞

Chers compatriotes,

Le régime en place est assiégé par une nation impatiente, sachant avec confiance que sa libération ne se réalisera que lorsque les mollahs seront renversés. Le régime clérical n'a plus ni force ni ressources et se débat dans un bourbier qui le conduira à son renversement.

L'ère du fascisme religieux touche à sa fin. L'Iran sera libre. Nous reprendrons notre belle patrie avec les unités de résistance et l'Armée de la liberté.

ایران و قیام

FREE
IRAN
WITH
MARYAM
RAJAVI

www.ingramcontent.com/pod-product-compliance
Lightning Source LLC
LaVergne TN
LVHW021128160826
845679LV00015B/1678

* 9 7 8 2 4 9 1 6 1 5 0 2 4 *